Carl-Auer

Günther Mohr

Einführung in die systemische Transaktionsanalyse von Individuum und Organisation

2020

Reihengestaltung: Uwe Göbel
Umschlag: Heiner Eiermann
Satz: Verlagsservice Hegele, Heiligkreuzsteinach
Printed in the Czech Republic
Druck und Bindung: FINIDR, s.r.o.

Product footprint CO_2 Neutral
NC-CFM-015258
www.nepcon.net

MIX
Papier aus verantwortungsvollen Quellen
FSC www.fsc.org
FSC® C014138

Erste Auflage, 2020
ISBN 978-3-8497-0341-7 (Printausgabe)
ISBN 978-3-8497-8218-4 (ePUB)

Bibliografische Information der Deutschen Nationalbibliothek:
Die Deutsche Nationalbibliothek verzeichnet diese Publikation in der Deutschen Nationalbibliografie; detaillierte bibliografische Daten sind im Internet über http://dnb.d-nb.de abrufbar.

Informationen zu unserem gesamten Programm, unseren Autoren und zum Verlag finden Sie unter: **https://www.carl-auer.de/**.
Wenn Sie Interesse an unseren monatlichen Nachrichten haben, können Sie dort auch den Newsletter abonnieren.

Carl-Auer Verlag GmbH
Vangerowstraße 14 • 69115 Heidelberg
Tel. +49 6221 6438-0 • Fax +49 6221 6438-22
info@carl-auer.de

Inhalt

Vorwort

Im 21. Jahrhundert gilt es, den Menschen als Individuum und gleichzeitig in seiner Bezogenheit auf den anderen Menschen, auf Gruppen, Organisationen und Gesellschaft, zu sehen. Hier wird die systemische Transaktionsanalyse, die sich aus der Integration der beiden psychologischen Verfahren Transaktionsanalyse (TA) und systemischem Ansatz seit den 1990er-Jahren entwickelt hat, vorgestellt. Ich selbst hatte noch das Glück, wichtige Weggefährten des Begründers der Transaktionsanalyse, Eric Berne, persönlich kennenzulernen, da ich von 1999 bis 2007 als junger Transaktionsanalytiker dem Board of Trustees der Internationalen TA-Gesellschaft (ITAA) angehörte. Dort traf ich die Transaktionsanalytiker der ersten Stunde, Claude Steiner und Fanita English, die zeitweise auch in diesem Gremium Mitglied waren, in der Zusammenarbeit. Interessant und für mich beeindruckend war die freie Art, mit der sie an Themen herangingen. Diese damals schon als Koryphäen geltenden Transaktionsanalytiker lebten die Eine-Augenhöhe-Beziehung und die Offenheit für Neues. Und es war klar, Transaktionsanalyse stammt aus einer freien, dialogischen, nichtautoritären Tradition in der Gründungszeit der humanistischen Psychologie. Außerdem war TA von Beginn an ein innovatives Verfahren. In der Gründerzeit bekam man die offizielle Anerkennung als zertifizierter Transaktionsanalytiker, indem man ein neues Konzept entwickelte. So entstanden gerade in der ersten Zeit ungeheuer viele interessante Modelle. Der systemische Einfluss ab 1980 war dann ein wichtiger Impuls in die Denkwelt der Transaktionsanalyse. Dass die schönen, so optimal komplexitätsreduzierenden psychologischen TA-Modelle keine Realität sind, sondern nur Landkarten zur Orientierung, war ein schwerer Schlag für viele. Konzepte mussten danach in ihrer Passung für eine Situation geprüft und je nach

Anforderung sogar verändert werden. Alle, die ein Ideensystem zur Sicherheit und quasi als Schablone brauchten, litten sehr darunter. Dies waren nicht wenige, kein Wunder bei einer Methode, die Struktur im Leben als das Wesentliche ansieht. Dennoch ist die neue, systemische Orientierung für die Transaktionsanalyse unerlässlich, da sie die Grundlage für eine fruchtbare Weiterentwicklung der Methode darstellt. Im Folgenden wird zunächst auf der Basis systemischer Grundprinzipien eine Metatheorie der TA vorgestellt. Denn an TA wird oft kritisiert, sie sei nur ein Sammelsurium von Tools. Ich werde zeigen, dass das nicht stimmt. Danach werden die Konzepte der Transaktionsanalyse in moderner, systemischer Lesart vorgestellt: systemische Transaktionsanalyse für Individuen und für Organisationen. In einer systemischen Betrachtung dürfen aber auch hinterfragende kritische Töne gegenüber einer Methode nicht fehlen. Das Buch ist für alle, die zeitgemäße Transaktionsanalyse interessiert. Dies können erfahrene oder beginnende Praktiker sein, die TA-Konzepte nutzen und sich für ihre Anwendung den nötigen theoretischen Zusammenhang wünschen.

Ganz viele Leute haben mich bei diesem Buch unterstützt, mit Lesen, mit Anregungen, mit Kritik: Anette Dielmann, Ulrike Glindmeyer, Christine Behrens, Friederike Höher, Patricia Matt, Sascha Weigel, Rolf Balling, Natalia Berrio Andrade und Annekatrin Mohr. Das Buch verdichtet und entwickelt viele Gedanken zur systemischen Transaktionsanalyse weiter, die ich in ihren Ursprüngen in *Systemische Organisationsanalyse*, *Coaching und Selbstcoaching mit Transaktionsanalyse*, *Workbook Coaching und Organisationsentwicklung*, *Achtsamkeitscoaching* und *Resilienzcoaching* erstmals in die Diskussion einbringen konnte. Deshalb bedanke mich auch bei Andreas Kohlhage vom EHP-Verlag für den Mut, diesen Ideen Raum gegeben zu haben.

1 Einführung

1.1 *Ursprünge der systemischen Transaktionsanalyse*

In den 1950er-Jahren hat Eric Berne erste Konzepte der Transaktionsanalyse in Kalifornien formuliert. Transaktionsanalyse betrachtet die Transaktion, die Begegnung zwischen Menschen und wie Menschen darin ihr Persönliches leben. Sie enthielt von Beginn an Wurzeln von systemischem Denken, denn Berne kannte persönlich Norbert Wiener, den Begründer der Kybernetik, einen der Stammväter des systemischen Ansatzes. In dieser Zeit arbeitete auch George Kelly, »der erste Systemiker«, der durch sein Konzept der reproduktiven Konstrukte schon 1955 »Persönlichkeit« in ihrem Konstruieren von subjektiver Wirklichkeit beschrieb (Kelly 1955). Dieser Ansatz weist interessante Parallelen zu Gedanken der von Berne formulierten Theorie des unbewussten Lebensplans (Skript) auf. Der Beginn der systemischen Transaktionsanalyse als einer Integration der traditionellen Transaktionsanalyse in den systemischen Ansatz kann auf Mitte der 1980er-Jahre datiert werden. Diese zeitgemäße Reform und Neukonzeption der Transaktionsanalyse erfolgte zunächst im deutschsprachigen Raum. Dazu hat sicherlich auch eine damals auftretende systemische Kontextbedingung, nämlich das deutsche Psychotherapeutengesetz beigetragen, in dem der Transaktionsanalyse die Anerkennung als akkreditierte Psychotherapie versagt wurde. Nur Verhaltenstherapie, Psychoanalyse und tiefenpsychologische Verfahren erfuhren offizielle Anerkennung. Vielleicht wäre die Entscheidung anders ausgegangen, ware die TA nicht unter der humanistischen, sondern unter der tiefenpsychologischen Fahne gesegelt. Diese Nichtanerkennung hatte zur Folge, dass Transaktionsanalytiker ihr Wissen zunehmend über den psychotherapeutischen Bereich hinaus im Beratungs-, Pädagogik- und Organisationsbereich entwickelten und sich dabei der systemische Ansatz als wichtiger Impulsgeber erwies. Später haben vor allem die familientherapeutischen Ansätze insbesondere der Mailänder Schule mit Mara Selvini Palazolli, aber auch der Heidelberger Gruppe mit Helm Stierlin, Fritz B. Simon, Gunthard Weber und Gunther Schmidt die psychotherapeutische Szenerie beeinflusst. Zum Umfeld der Heidelberger Gruppe gehört auch der Transaktionsanalytiker Bernd Schmid. Weber und Schmid arbeiteten zeitweise in Wiesloch im Institut für systemische Therapie und Transaktionsanalyse eng zusammen (Weber und Schmid 1988). Gerade für die organisationale systemische Transaktionsanalyse gilt aber auch Niklas Luhmans Systemtheorie der Organisation als Wurzel (Luhmann 2000). Die erste Verschriftlichung der Verbindung von systemischem Ansatz und Transaktionsanalyse erfolgte dann durch den noch im Eigenverlag herausgegebenen Band *Systemische Transaktionsanalyse* (1986) des damals als Psychotherapeut tätigen Bernd Schmid. Es war ein Ausrufezeichen. Schmid definierte Transaktionsanalyse und das Tun des Transaktionsanalytikers folgendermaßen:

> »Transaktionsanalyse meint einen professionellen Umgang mit der Gestaltung von Wirklichkeit durch Kommunikation« (Schmid 1994, S. 112).

> »Transaktionsanalytiker helfen als professionelle Praktiker, einschränkende Wirklichkeits-Gewohnheiten ihrer Klienten zu überwinden und stattdessen schöpferische und sinnvolle Alternativen zu entwickeln« (ebd., S. 113).

Dies war eine neue Identitätsbeschreibung für die TA, die einerseits den Fokus auf die Transaktion, die kommunikative Handlung als Grundeinheit von Begegnung, legte, gleichzeitig den wirklichkeitskonstruktiven Aspekt der Systemiker beinhaltete. Im angelsächsischen Raum sind auf der Seite der Systemiker in der TA der Familientherapeut Robert Massey (vgl. 1985), der Transaktionsanalytiker und Hypnotherapeut Stephen Lankton (vgl. Lankton et al. 1981), aber vor allem Jim Allen erwähnenswert (2003). Allens Ansatz fokussiert das konstruktivistische

Moment. Im Jahre 1999 formulierten dann Keith Tudor und Graeme Summers in England die *Co-creative TA*, wobei der Begriff des Kokreativen schon von Schmid (1986, 1994) genutzt worden war. Im Kokreativen zwischen Therapeut und Klient liegt das gemeinsame Konstruieren einer neuen Wirklichkeit. Tudor und Summers (1999) bezogen allerdings auch aus der Psychoanalyse stammende Beziehungskonzepte wie Übertragung und Gegenübertragung zwischen Klient und Therapeut mit ein. Die Transaktionsanalyse ist durch ihre Weiterentwicklung in die systemische Transaktionsanalyse nicht mehr alleine eine in den 1950er- und 1960er-Jahren in Amerika von Eric Berne entwickelte Psychotherapie, sondern eine eigenständige theorieuntermauerte Therapie- und Beratungsrichtung, die auch erfolgreich für Prozesse im Coaching und in der Organisationsentwicklung einsetzbar ist.

1.1.1 Die neue Identität des Transaktionsanalytikers

Systemische Transaktionsanalytiker beziehen sich auf acht Prinzipien (Schmid 1989; Mohr 2005): Sie …

- fußen auf der Analyse von Transaktionen
- betrachten die Begegnung von Menschen – ohne vorgefasste Standardhypothesen wie etwa die Annahme eines Ödipuskomplexes, sondern die konkrete Begegnung; das darin verbal und nonverbal Gezeigte wird gespürt, gehört und gesehen
- sind Musterentdecker (Mohr 2012b)
- versuchen, entdeckte Muster, die in guter Weise komplexitätsreduzierende Modelle und Hinweise für Hypothesen zur Veränderung bieten, lösungsorientiert zu adressieren
- arbeiten experimentell, setzen Interventionen ein und evaluieren ihre Wirkung; ohne in Besitz der absoluten Wahrheit zu sein, sondern nur mit Hypothesen, die getestet werden
- denken systemisch, beachten Vernetztheit und Kontextbezug des Handelns und Erlebens; dabei ist der biografische Kontext nur *ein* möglicher

- haben eine deutlich humanistische Grundeinstellung – mit der Begegnung auf Augenhöhe (O.k.-o.k.-Beziehung), ebenso dem Recht des Einzelnen auf Glück, das auch in der amerikanischen Verfassung aufgenommen worden ist, woraus sich sogar ein Bezug auf gesellschaftliche Themen ableiten lässt, etwa des bedingungslosen Grundeinkommens (Mohr 2015)
- stehen in einer internationalen, interkulturellen Diskussion der Konzepte; für die TA hat es nie einer Globalisierung bedurft; das standardisierte Ausbildungs- und Zertifizierungssystem der TA durch die Verbände EATA und ITAA in aller Welt ist einmalig.

Diese systemisch orientierte Identität des Transaktionsanalytikers ist nicht an Inhaltskonzepten orientiert, sondern am Prozess des Vorgehens (Kreyenberg 2005). Jedoch sind Menschen im systemischen Denken wenig geübt, da es ein Abstrahieren und ein Lösen vom kurzfristigen Erleben erfordert. Es liegt Menschen normalerweise näher, vom Einzelnen auf das Ganze zu schließen. Der systemische Theoretiker Matthias Varga von Kibéd (2007) bemerkte, dass die systemische Perspektive für uns Menschen oft schwer zu greifen ist. Nach Jane Loevingers Theorie der persönlichen Reifegrade wird die Fähigkeit, systemisch zu denken, sogar erst erreicht, wenn der Mensch eine bestimmte Stufe der psychischen Entwicklung erreicht hat (Loevinger 1985; Binder 2010; Mohr 2015, S. 177 ff.). Erst nach Durchlaufen der Gemeinschaftsorientierung, der Entwicklung eigener Werte und der Relativierung des eigenen Denkens kommt man in die Lage, auch selbstkritisch eigene Positionen zu hinterfragen oder widerstreitende Aspekte nebeneinander existieren zu lassen, konstruktivistisch an die Welt heranzugehen. So populär das Systemische heute allgemein ist, es stellt Anforderungen an den Einzelnen. Ein weiteres systemisches Spannungsfeld ist in Organisationen, Wirtschaft und Gesellschaft zu beobachten, zwischen Mikro- und der Makroperspektive. Die Mikroperspektive beschäftigt sich mit dem konkret sichtbaren Handeln des einzelnen Individuums, die Makroperspektive mit dem Zusammenwirken des ganzen Systems. An Beispielen aus dem Wirtschaftskontext wird dies deutlich: Wenn ich wenig Geld habe, muss ich sparen. Das gilt für Familie und Unternehmen. Für ein Makrosystem wie eine Volkswirtschaft wäre der absolute Spargedanke der Weg in den Abgrund, wie die Weltwirtschaftskrise 1929 zeigte. Die Makroebene als deutlich systemische Ebene ist eine eigene Perspektive. Man muss einen Abstand zu den Dingen gewinnen, eine Vogelperspektive einnehmen, um besser sehen zu können.

1.1.2 Drei bedeutende systemische Prinzipien für die TA

Drei Elemente sind für die systemische Perspektive besonders relevant: Vernetzung, Kontextbezug und Selbsterhalt (Mohr 2015). Systemisch die Welt zu betrachten heißt, diese Punkte zu berücksichtigen.

Beziehungsmäßige Vernetzung

Menschen sind immer in einer Beziehung mit anderen verbunden. Individuelle Unabhängigkeit ist eine Illusion. Kein Mensch und kein System sind wirklich unabhängig. Wir sind miteinander verbunden und vernetzt. Wenn wir darüber nachdenken, wieso wir so leben können, wie wir leben, wer unsere Nahrung produziert, wer für unser Dach über dem Kopf oder unsere Sicherheit sorgt, wird dies unmittelbar klar. Manchmal ist es auch erst durch genaue Analyse erkennbar, wie vielfältig unsere Existenz von anderen Lebewesen in der Natur und ihrer Zuarbeit abhängig ist. So haben die Menschen in ihrem Verhalten durch Institutionen wie »Handel« und »Arbeitsteilung« friedliche Alternativen entwickelt, der systemischen Verbundenheit der Menschen Rechnung zu tragen. Das gilt trotz der heute üblichen Betonung der zu erstrebenden Individualität, wie sie in der Werbung, aber auch in manchen psychologischen Schulen vertreten wird. Die Form des Zusammenwirkens und die Qualität der Interaktionen zwischen den Elementen eines Systems sind wichtiger als ihre vermeintlichen individuellen Eigenschaften oder Fähigkeiten. Systemische TA berücksichtigt bei der Betrachtung einer Einzelperson ihre aktuelle Vernetztheit und die erfolgende Konstruktion von Wirklichkeit. Viele TA-Konzepte brauchen dazu eine neue Deutung. Das wird in den folgenden Kapiteln dargestellt.

Kontextbezug

Alle Phänomene sind auf dem Hintergrund eines Kontextes zu sehen.

Themen sind nicht aus sich heraus, zeitlos und übergreifend zu betrachten, sondern immer vor dem Hintergrund eines bestimmten Kontextes. Für manche Wendung ist die Gunst der Stunde notwendig. So schlimm das Ereignis war, aber ohne den Atomunfall im japanischen Fukushima im Jahr 2011 wäre die deutsche Entscheidung zum Atomausstieg so nicht gekommen. Man braucht einen Kontext, ein bestimmtes wahrgenommenes Zusammentreffen von Variablen, um etwas möglich zu machen. Manchmal hat ein Thema einen bestimmten Zeitkorridor; danach ist es nicht mehr umsetzbar. Dies betrifft auch das »Nach-hinten-Schauen« bei psychischen Phänomenen. Von Psychoanalyse bis Lerntheorie, die traditionellen psychologischen Konzepte gehen davon aus, dass die Ursache für das Jetzige in der Vergangenheit liegt. Aber vielleicht gibt es nur den aktuellen Kontext oder gar einen finalen Zweck, wie es C. G. Jung annahm. Diese Erkenntnis hat einen wesentlichen Einfluss auf den Umgang mit entwicklungspsychologischen Ideen wie der Skriptheorie der TA, nach der – hier zunächst vereinfacht ausgedrückt – ein Mensch in der frühen Kindheit einen unbewussten Lebensplan, ein Skript, entwickelt, das er in der Folgezeit lebt. Im Gegensatz dazu anzunehmen, dass eine ganz bestimmte aktuelle, einmalige Begegnung mit einem anderen Menschen neues, in keiner Weise vorgeprägtes Verhalten und Erleben ermöglicht, wäre eine systemische Alternative. Der Fokus der systemischen TA liegt auf einem pragmatischen Ansatz, der auf alsbaldige Lösung oder Heilung orientiert ist. Verschwendung der wichtigsten Ressourcen, menschlicher Lebenszeit und Aufmerksamkeit, wird zu vermeiden versucht.

Die Zuordnung eines Phänomens zu einem Kontext bestimmt erst Wertung, Veränderungsnotwendigkeit und Veränderungsmöglichkeiten.

Selbsterhalt

Jedes einzelne Teilsystem strebt danach, seine bisherige Struktur und Weltsicht zu erhalten und immer weiter zu erschaffen.

Freud sah gerade bei psychischen Störungsmustern einen Wiederholungszwang. Heute wissen wir, dass Lebewesen eigene Steuerungsformen entwickeln, die für sie selbst systemerhaltend sind. Wir Menschen konstruieren uns die Welt sogar so, dass sie für uns passt. Schon unser Körper, unsere Hirnphysiologie, unsere Sinnesorgane, die auch die Informationsgrundlage für Denken, Einstellungen und Gefühle bilden, sind auf den Selbsterhalt ausgelegt. Die Transaktionsanalyse besitzt eine ganze Reihe von Mikromodellen, die den Selbsterhalt von Mustern beschreiben. Die beiden Systemforscher Humberto Maturana und Francisco Varela (1987) haben diese Eigenbezogenheit jedes Systems in ihrer evolutionär gewachsenen Struktur besonders betont: »Es gibt keine instruktive Interaktion.«

Eingriffe in ein System sind nur unter besonderen Bedingungen möglich. Man kann einen Menschen oder eine Gruppe, also ein Humansystem, nicht einfach per Instruktion zu etwas anderem bringen, als sein ursprüngliches Programm war. Es sei denn, man koppelt sehr genau an seine Struktur an. Dieses Mitgehen mit dem anderen nennt man »Pacing«, und es ist die Voraussetzung für »Leading«, also jegliche Form von Führung. Dieser auch »Selbstreferenzialität« genannte Aspekt (Kreyenberg 2005) hat zur Folge, dass Teile das Ganze repräsentieren. So kann aus einer Reihe von Beobachtungen auf ein Muster geschlossen werden (Mohr 2012b), aber auch an einzelnen Punkten interveniert werden, ohne dass immer direkt das Ganze adressiert werden muss. In der Organisationsentwicklung ist dies ein wichtiger Punkt. Die strukturerhaltende Funktion zeigt beispielsweise auch der Besitztumseffekt, der in der Verhaltensökonomie gefunden wurde (Mohr 2015).

Der Besitztumseffekt zeigt, dass man etwas, das man einmal in Besitz genommen hat, nur ungern wieder abgibt. Zudem konstatierten die beiden systemischen Forscher Maturana und Varela: Man kann ein System zu nichts zwingen, man kann es zwar vernichten, aber erzwingen kann man nichts. Das macht die Selbstbezogenheit von Systemen noch deutlicher. TA hat von Anfang an, dies sei hier angedeutet, interessante Modelle für den Aspekt des Erhalts von Mustern beschrieben.

1.2 Ein integrativer Entwurf

Transaktionsanalyse zeigte sich von Anfang an sehr vielfältig, betrachtet die Herkunft eines Phänomens sowie konkrete Verhaltenssteuerung und Beziehungsgestaltung. TA zeichnet sich durch Offenheit gegenüber anderen psychologischen und professionsfördernden Ansätzen aus. Die Wurzeln liegen in verschiedenen therapeutischen Verfahren, die mit der Ausbildung der ersten TA-Generation zusammenhängen (z. B. Eric Berne: Psychoanalyse; Fanita English: Psychoanalyse; Robert und Mary Goulding: Gestalttherapie). Während der Weiterentwicklung der TA kommen Ideen aus anderen Schulen und Fachgebieten hinzu, die im Laufe der Zeit integriert werden. Zusätzlich ist TA in ständigem Kontakt mit den Ansätzen geblieben, die ihr im Laufe der Zeit begegnet sind, und hat so auch von deren Entwicklung profitiert. Dadurch wirkt im angelsächsischen Raum derzeit die psychoanalytische Theorieentwicklung auch einflussreich auf die TA, was etwa im beziehungsorientierten Ansatz nach Sills und Hargarden (2003) zum Ausdruck kommt. Auch ganz neue Ansätze der letzten Jahre, wie etwa die Arbeiten zur hierarchiefreien Zusammenarbeit von Menschen von Laloux (2015) und Robertson (2016) zeigen interessante Parallelen zu transaktionsanalytischen Konzepten von Autonomie, Rollen und Übereinkunft. Die Grundgedanken moderner Konzeptionen sind schon in der humanistischen Wurzel der TA angelegt. Offenheit bei gleichzeitig vorhandenem kompakten Theoriekern ist eine wesentliche Stärke der

TA, weil sie dadurch gut an andere Ansätze ankoppeln kann. Kein Praktiker arbeitet heute nur mit einer Methode, und auch theoretisch gilt es eher, allgemeine, integrative Veränderungstheorien zu vertiefen, als an den klassischen Theorieschulen festzuhalten und das Trennende zu betonen. Die Transaktionsanalyse fußt auf den tiefenpsychologischen Ansätzen (Freud, Jung und Adler). Berne hat bei zwei Schülern von Freud, nämlich Erik Erikson und Paul Federn (vgl. 1953), gelernt. Insbesondere Elemente der Persönlichkeitstheorie der TA mit den Ich-Zuständen und dem Skript haben deutlichen Bezug zu psychoanalytischem Denken. Auch die Jung'sche Analytische Psychologie mit ihren Archetypen und der persönlichen Typenlehre hat Bezüge zu Skriptprozessen wie dem Sisyphus-Skript. Das Erwachsenen-Ich korrespondiert mit Jungs persönlicher Individuation. Adlers Individualpsychologie (vgl. 1920/1974) wirkte insbesondere mit dem Erfassen des Lebensstils auf die TA ein. Die Verhaltenstherapie und insbesondere die neuere Form der kognitiven Verhaltenstherapie haben viele Transaktionsanalytiker im praktischen Vorgehen beeinflusst. Psychodrama, Gestalttherapie, Gesprächstherapie genauso wie später Hypnotherapie, NLP (Neurolinguistisches Programmieren) und systemische Ansätze haben sowohl im methodischen Vorgehen als auch in theoretischen Fragen entscheidende Impulse gegeben. Durch die Verbindung schon in den Wurzeln ist auch immer eine stetige Befruchtung durch die Weiterentwicklungen der anderen Theorieschulen in Richtung TA möglich gewesen.

1.3 Metatheorie für die Transaktionsanalyse

Es existieren gute, detaillierte Einführungen in die herkömmliche Sichtweise der Transaktionsanalyse. Ich verweise dazu auf den Klassiker von Ian Stewart und Vann Joines *Die Transaktionsanalyse* (Originaltitel *TA today; 1987/1990*). Ein neueres, englischsprachiges Buch *Into TA* gibt einen sehr großen Überblick über Beiträge zur TA im englischsprachigen Raum (Cornell et al. 2016). Beide Bücher verzichten leider auf eine theoretische Fundierung der TA im Sinne einer Metatheorie und stellen die Konzepte in TA-Sprache schlicht aneinandergereiht vor: Ich-Zustände, Transaktionen, Spiele, Skript usw. Diese traditionelle TA-interne Logik macht die Konzepte schwer vergleichbar mit theoretischen Ansätzen außerhalb der TA. Das hat dann zur Folge, dass die Idee entsteht, eine Person bestehe psychisch aus Ich-Zuständen. Die Ich-Zustände werden dann nicht als eine potenzielle »Landkarte des Ich« betrachtet, sondern wie eine greifbare Realität verstanden. Konzeptideen oder Modelle quasi als existierende Wirklichkeiten zu beschreiben, ist vom systemischen Standpunkt her kritisch. Darin zeigt sich aber auch, dass die systemische Perspektive für viele immer wieder eine Herausforderung darstellt. Man verdinglicht die Konzepte. Systemisch gesehen, haben wir es in der Psychologie mit Landkarten zu tun, mit denen man die beobachteten Phänomene zu erklären und einzuordnen versucht. Landkarten sind keine Realität. Die Transaktionsanalyse wird außerhalb des engen Kreises der Transaktionsanalytiker manchmal in einem merkwürdigen Licht dargestellt wird. Zum Beispiel stellen Gerhard Roth und Alica Ryba (2016) in ihrem Buch zu Hirnforschung und Coaching im Anfangsteil, »Was ist Coaching?«, fest, dass Transaktionsanalyse für Coaching einer der meistgenutzten Ansätze in Deutschland ist, der nach NLP und anderen systemischen Ansätzen im Coaching den dritten Platz belegt. Allerdings beurteilen sie die TA dann so:

> »Die Transaktionsanalyse ist keine fundierte Theorie, vielmehr bietet sie verschiedene praxistaugliche Konzepte, die auch von anderen Beratungsansätzen genutzt werden« (S. 41).

Roth und Ryba verwenden lediglich TA-interne Begriffe und behaupten, sie bestehe nur aus Strukturanalyse, Transaktionsanalyse, Spielanalyse und Skriptanalyse. TA ist natürlich weit mehr als eine Sammlung praxistauglicher Konzepte, und andere Theoretiker haben eine durchaus positive Meinung. Der Philosoph Ken Wilber äußert sich in dem Buch *Wege zum Selbst* zur TA (1991, S. 138):

> »Die Methode der Wahl scheint, zumindest für mich, die Transaktionsanalyse zu sein. Sie behält das Wesentliche von Freud bei, setzt es aber in einen Zusammenhang, der einfach, klar und knapp ist. Außerdem erkennt sie allgemein die Möglichkeit tieferer Ebenen des Menschen an und sabotiert daher tiefere Einsichten nicht offenkundig.«

Aber angesichts der teilweise betagten Standardwerke der TA wundern solche Urteile nicht. Ein Theoriegebäude braucht heute eine Metatheorie, und in diesem Punkt antworte ich gerne Roth und Ryba (2016), wenn sie Astrids Schreyöggs Konzept (2012) der vier Anforderungen an die Wissensstruktur eines Modells propagieren. Es braucht: eine Metaebene, eine Theorieebene, methodische Voraussetzungen und Anweisungen sowie ein reflektiertes Praxiskonzept. TA erfüllt diese Anforderungen Schreyöggs durchaus. Deshalb orientiere ich mich gerne an ihrem Vorschlag – Metaebene und Theorieebene sollten vorliegen – und zeige zwei metatheoretische Perspektiven dazu auf. Die erste ist eine konsequent systemisch-beziehungsorientierte Konzeption der Transaktionsanalyse aus ihrer heutigen modernen Anwendung insbesondere im internationalen therapeutischen Bereich (Großbritannien, Italien, USA …) heraus. Der zweite Vorschlag ist eine metatheoretische Einordnung der TA in sechs Dimensionen, die die TA mit anderen Methoden vergleichbar macht.

1.3.1 Metatheorie 1: Transaktionsanalyse als systemische Beziehungstheorie

Geht man von dem Begriff »Transaktion« aus und bezieht die heutige, sehr auf die Beziehung fokussierende Praxis von Transaktionsanalytikern mit ein, so lässt sich die Transaktionsanalyse mit zehn Kernsätzen beschreiben.

1) *Transaktionsanalyse (TA) ist eine sozialpsychologische Theorie, die das Transaktionale zwischen Menschen, die Begegnung von Menschen vor dem Hintergrund von Kontexten, in den Vordergrund stellt. Der Mensch als Beziehungswesen*

> *entwickelt sich über den Austausch und die Begegnung, die Transaktion mit anderen. In der Transaktion, der Begegnung zwischen Personen, wird die Wirklichkeit erlebt und gestaltet. Transaktionen finden zwischen zwei Personen, aber auch internalisiert, im inneren Dialog einer Person, statt.*

Eine Transaktion ist eine ganzheitliche Begegnung zwischen Menschen, beinhaltet nonverbale Momente wie auch explizit Ausgesprochenes. So steht die Beziehung absolut im Vordergrund (Sills a. Hargarden 2003; Cornell 2003; Little 2005). Menschen begegnen sich mit ihrer gesamten Geschichte sowie durch die Vernetzung mit anderen. »Begegnung« bedeutet dabei viel mehr als nur Worte. Die viel zitierte Mehrabian-Studie zeigte, dass der Empfänger bei Mehrdeutigkeit anhand der nonverbalen Beziehungsbotschaften entscheidet (Mehrabian a. Ferris 1967). Wir testen den anderen auf Konsistenz zwischen dem Gesagten und dem nonverbal Vermittelten. Diese Relativierung des Verbalen hat Oscar Wilde wunderbar ausgedrückt. Er sagte: »Erziehung hat keinen Sinn, die (Kinder) machen einem sowieso alles nach.« Der neuere Ansatz der *Embodied Communication* (Storch a. Tschacher 2014) postuliert ebenfalls, dass es sich nicht um eine simple Sender-Empfänger-Relation handelt, sondern betont das Ganzheitliche der Begegnung. Beziehung gilt sowohl für die frühen Kontexte und primären Entwicklungsprozesse der Kinder wie auch in späteren Veränderungsprozessen der Erwachsenen (z. B. in Therapie und Beratung). Diese grundlegende humanistische Vorstellung ist nicht nur der TA eigen, sondern kommt beispielsweise auch in Martin Bubers Buch *Ich und Du* (1983) zum Ausdruck. Transaktionsanalytiker gestalten Wirklichkeit durch kommunikative Handlung mit (Schmid 1994). Wirklichkeitskonstruktion und Beziehungsgestaltung wirken nach der systemischen TA zusammen. Man begegnet sich auch selbst, und zwar manchmal sogar vielseitig. So wird dies auch in anderen Konzepten des inneren Teams (Schulz von Thun 1998), des inneren Parlamentes (Gunter Schmidt) etc. beschrieben.

2) *Der Einzelne erlebt und gestaltet seine Transaktionen aus seiner Aufmerksamkeit heraus. Wie Aufmerksamkeit gelenkt und fokussiert wird, hängt vom Bezugsrahmen des Menschen ab (Schiff et al. 1975).*

Aufmerksamkeit bestimmt Individuen (Mohr 2013) wie auch Systeme (Mohr 2006, 2015). Sie ist das kostbarste Gut, das wir haben, sagt der Philosoph Wilhelm Schmid (2007). Sie ist normalerweise begrenzt, und wo sie hingelenkt wird, findet Wirklichkeit statt. Dies ist eine wesentliche Erkenntnis der systemisch-konstruktivistischen Betrachtung.

Der Bezugsrahmen ist die momentane Sicht, die ein Mensch in Bezug auf die Welt, auf die anderen und sich selbst einnimmt (Schiff et al. 1975) in seiner momentanen Konstruktion der Wirklichkeit. Die wahrgenommenen Aspekte der Wirklichkeit und der sich ergebende Bezugsrahmen verkörpern den aktuellen Prozess des Erlebens und Handelns. Schulung der Achtsamkeit hat entsprechend die Erweiterung der Bewusstheit und des Bezugsrahmens zum Ziel (Mohr 2013).

3) *Der Bezugsrahmen hat zwei wesentliche Hintergrundebenen: Ich-Zustands-Systeme und Skript. Die erste Hintergrundebene, die der Ich-Zustands-Systeme, besteht darin, dass unterschiedliche neuronale Netzwerke wie Teilpersönlichkeiten in einem Menschen aktiv sein können (Allen 2003). Die zweite Hintergrundebene besteht darin, dass Menschen dazu neigen, aus den Beziehungserfahrungen mit anderen ein zusammenhängendes mentales Modell, eine Geschichte, ein Narrativ zu bilden.*

Den Bezugsrahmen kann man wie ein Metaprogramm oder metaphorisch wie einen Filter oder eine Haut um Teilpersönlichkeiten des Menschen (Ich-Zustände) sehen. Und der Teil des Bezugsrahmens, der sehr stark durch Abwertung von Möglichkeiten und früh entstandene Fixierungen betroffen ist, beinhaltet das Lebensskript: früh entstandene, mehr oder weniger rigide Vorstellungen von sich selbst, anderen und der Welt.

Am bekanntesten ist die Kategorisierung der Ich-Zustands-Systeme nach Herkunft in Exteropsyche (Eltern-Ich), Archeopsyche (Kindheits-Ich) und Neopsyche (Erwachsenen-Ich), je nachdem, ob es um Übernahme von Erfahrungen anderer (Eltern-Ich), primär eigene frühere Erfahrungen (Kind-Ich) oder aktuell kontextangemessene und frische (Erwachsenen-Ich) handelt. Menschen konstruieren ihre Lebenserfahrungen, indem sie die gesamte erlebte Begegnungskonstellationen im Hinblick auf Bezugspersonen internalisieren einschließlich der Reaktionen der anderen und der eigenen (Little 2005). Streng genommen, internalisieren wir Beziehungszustände. Das Modell der Teilpersönlichkeiten bietet eine Vielzahl von Interventionsmöglichkeiten (Mohr 2009). Menschen laden andere in Beziehungen auf ihre »Bühne« ein, um mit ihnen ihr eigenes Stück aufzuführen. Das zusammenhängende, vorbewusst gewordene Narrativ über das eigene Leben wird mit »Skript« bezeichnet (Berne 1972). Diese Grundidee wurde schon in der Lebensstilanalyse von Alfred Adler (1920/1974) und der Theorie des »ersten Systemikers« George Kelly (1955), der die frühe Festlegung des Menschen auf einzelne für ihn charakteristische Lebensthemen (z. B. Nähe, Gesundheit, Fühlen, Denken etc.) herausstellte, genutzt. Das Lebensskript ist eine subjektive Konstruktion von Wirklichkeit, die verändert werden kann. Allerdings kommt es dabei auf die Rigidität des Skripts an, welche wiederum mit der Tiefe und Verankerung von Lebensschlussfolgerungen einer Person zusammenhängt.

4) *Drei zentrale Bedürfnissysteme stehen wiederum hinter den Dynamiken der Selbstorganisation des Menschen: Berührung der Sinne, Anerkennung durch andere und Strukturierung der Erfahrung.*

Die schon von Berne postulierten Bedürfnisse fußen zentral auf der Qualität des Menschen als Beziehungswesens und dies korrespondiert auch mit neuesten Erkenntnissen. Ohne Anregung fehlt dem Menschen Resonanz (Rosa 2016). Ohne Anerkanntwerden fehlen die sichere Basis (Kohlrieser et. al. 2012) und Zugehörigkeit (Mountain a. Davidson 2015, p. 71). Ohne Struktur der Erfahrung und des Zeiterlebens lähmt uns kognitive Dissonanz (Festinger 1957).

5) *Für das psychisch gesunde Zusammenwirken und die gedeihliche Entwicklung von Menschen geht die Transaktionsanalyse als humanistisch-psychologische Methode von der Bedeutung des gegenseitigen Respekts und der radikalen Wertschätzung aus.*

Diese in der popularisierten Form »Ich bin o. k. – Du bist o. k.« (Harris 1973) bekannt gewordene Annahme birgt allerdings einen sehr komplexen Zusammenhang, vor allem wenn er Menschen betrifft, die nicht direkt dem eigenen Gesichtskreis – also nicht dem »Wir« – angehören (z. B. Mountain a. Davidson 2015).

6) *Die praktische Veränderungsarbeit (Therapie, Beratung, Coaching, Bildung, Organisationsentwicklung) unterstützt den Menschen in seiner Resilienz (Mohr 2017), die die Aufmerksamkeit auf die positiven Muster und Ressourcen lenkt (Newton 2014) sowie die einschränkenden Muster in vielfältiger Weise zu bewältigen lernt (Mohr 2017). Der Transaktionsanalytiker nutzt dazu in integrativer Weise verhaltensbezogene, humanistisch-dialogische, tiefenpsychologisch-biografische, tiefenpsychologisch-beziehungsorientierte und systemische Professionsmethoden.*
7) *In der praktischen Veränderungsarbeit des Transaktionsanalytikers in den vier Feldern Psychotherapie, Beratung, Pädagogik und Organisationsberatung bedeutet Verhaltensorientierung in erster Linie die sogenannte »Vertragsorientierung« (Berne 1961). Verhaltensbezogen ist neben der Vertragsorientierung die Planung konkreter neuer Verhaltensstrategien und auch der Einsatz von Anerkennung.*

Damit ist eine von Bewusstheit und beiderseitiger Entscheidung getragene Übereinkunft über die Zusammenarbeit gemeint, die Dialog und »Eine-Augenhöhe-Prinzip« zur Grundlage macht. Die verhaltensbezogene Ebene zeigt sich auch in der Entwicklung von aktuellen Erwachsenen-Ich-Strategien. In der Nutzung von Anerkennung ist die TA der Verhaltenstherapie nicht fremd, die darin »Verstärkung« sieht (Widdowson 2013). Gleichzeitig liegt in der Wertschätzung aber auch eine humanistisch-dialogische Beziehungsgestaltung.

8) *Tiefenpsychologisch-biografisch ist beispielsweise die Analyse der Transaktionen vor dem Hintergrund des persönlichen unbewussten Lebensplans, des sogenannten Lebensskripts (Erskine 2010; Schmale-Riedel 2016; Sejkora u. Schulze 2017). Tiefenpsychologisch-beziehungsorientiert ist die Arbeit mit Übertragungs- und Gegenübertragungsprozessen in der beraterischen oder therapeutischen Begegnung (Moiso 1985).*
9) *Systemisch bleibt immer die Betrachtung einer Transaktion vor dem Hintergrund, dass alle Wirklichkeit konstruiert ist. Einen weiteren systemischen Zusammenhang stellt die TA für die Eigenbezüglichkeit des »Einzelsystems Mensch« dar.*

Die Begegnung der Bezugsrahmen ist als »Kulturbegegnung« gefasst (Schmid 2003).

Und Transaktionen erhalten je nach Kontext vor bestimmten Rollenwelten (»beruflich«, »privat« …) sehr unterschiedliche Wirkung. Die Transaktionsanalyse verfügt zur Eigenbezüglichkeit über nützliche theoretische Modelle wie die psychologische Spieltheorie (Berne 1964; Dehner 2001) und das Skript-(Racket-)System (Erskine a. Zalcman 1979), mit denen rückbezügliche, gewohnheitsmäßig auftretende Muster beschrieben werden.

10) *Bei allen Interventionen zielt die Transaktionsanalyse ab auf Bewusstheit, Flexibilität bei der Wahrnehmung von Möglichkeiten sowie auf für den Einzelnen nährende und*

wesensgemäße Formen von (Resonanz-)Transaktionen sowohl im Kontakt zu anderen Menschen als auch im inneren Dialog.

Dies wird in der Transaktionsanalyse, folgt man Berne, auch mit »Autonomie« bezeichnet (Berne 1961). Man kann nun durchaus diese Autonomie hinterfragen. Kritiker haben in der Zielvorstellung der humanistischen Psychologie schon mal ein »kalifornisches Konstrukt« gesehen, weil dortige Studien mit vorwiegend weißen Studenten die Grundlage bilden. Viele psychologisch-individualistische Konzepte verlieren ihre deutlichen Ergebnisse in Richtung Individualismus, wenn man Menschen aus anderen Kulturkreisen mit in die Untersuchungen aufnimmt (Henrich a. Henrich 2007). Interessant ist, dass die TA-Konzepte wie zum Beispiel die drei Ich-Zustände in allen Kulturen rezipiert werden, obwohl die Menschen in Indien oder Japan wahrscheinlich ein anderes Bild davon entwickeln als in Deutschland oder in den USA. Der Unterschied zeigt sich auch in der Praxis. Wenn ein Therapeut in Europa oder Amerika seinem Klienten durchaus empfehlen kann, eine Zeit lang mit Eltern keinen Kontakt zu haben, ist dies in asiatischen, familienorientierten Kulturen undenkbar und sicherlich das Ende der Therapie.

Insgesamt liegt mit dieser von der Transaktion als ganzheitlicher Begegnung ausgehenden Betrachtung eine grundlegend beziehungsorientierte Theorie für die Transaktionsanalyse vor, deren weitere Konzepte wie Bezugsrahmen, Ich-Zustände, Skript, Spiele die Art und den Gehalt der jeweiligen Begegnung bestimmen. Mit den Konzepten der radikalen Wertschätzung, der bewussten Übereinkünfte und einem großen Spektrum humanistischer, tiefenpsychologischer und verhaltensorientierter Interventionen unterstützt der systemische Transaktionsanalytiker die Entwicklung seiner Klienten.

1.3.2 Metatheorie 2: Der Diamant der Professionalität

Um die Vergleichbarkeit mit anderen Theorieansätzen zu ermöglichen, sollte eine Metatheorie Dimensionen berücksichtigen, für die jede Psychologie Antworten hat. Das Modell des Diamanten der integrierten persönlichen Professionalität (Mohr 2008, 2010) betrachtet sechs Dimensionen:

- Menschenbild,
- Persönlichkeit und Unterschiede,
- Beziehung und Kommunikation,
- Entwicklung und Veränderung,
- Wirklichkeit und Systemkontext,
- Professionsmethoden.

Dieses Modell zeigt ein Metabild, das alle psychologischen und professionellen Schulen in ihren Antworten vergleichbar macht.

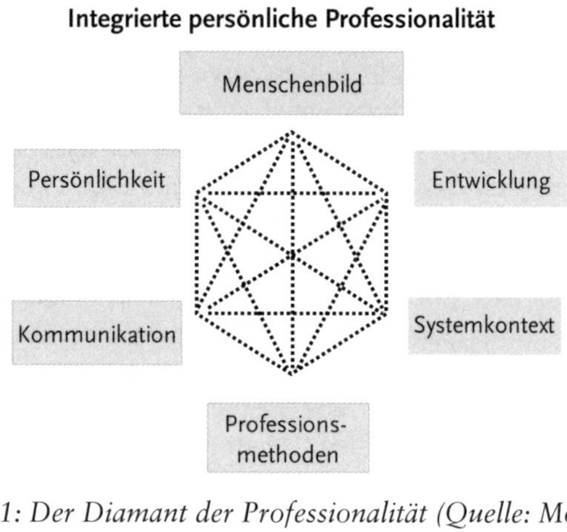

Abb. 1: Der Diamant der Professionalität (Quelle: Mohr 2010)

Die Struktur dieses Modells soll hier kurz als Überblick, als Advance Organizer (Ausubel 1963), für die TA vorgestellt werden und dient als Richtschnur in diesem Buch. Die Transaktionsanalyse verhilft dazu, integrierte persönliche Professionalität für den Anwender (Therapeut, Berater, Coach und Organisationsentwickler) wie auch seine Klienten und Klientensysteme zu beschreiben. Über die Dimensionen lässt sich ein Verfahren kennzeichnen.

Menschenbild: Aus der TA ist vor allem die Formulierung »Ich bin o. k., und du bist o. k.« populär geworden. Sie klingt simpel, aber diese Maxime zeigt die Radikalität der Herausforderung. Wo hört beispielsweise das »Du« auf? Die Antwort ist: Es gibt keine Grenze für das O.k.-Sein. Mit dem Postulat einer respektvollen Haltung gegenüber allen Menschen ist man sofort auch bei der Verbundenheit mit allen Menschen. Auch das schon vom Begründer der TA, Eric Berne, für alle Menschen postulierte Bedürfnis nach Erkanntwerden (»hunger for recognition«; Berne 1966/2005) ist sehr fundamental.

Persönlichkeit: Hinsichtlich eines *Persönlichkeitsmodells* lebt der Transaktionsanalytiker von der Grundidee der Teilpersönlichkeiten (Ich-Zuständen). Aus diesen kohärenten Teilmustern von Denken, Fühlen, Verhalten und Körper heraus leben Menschen Beziehungen und kommunizieren miteinander. Eine zweite Konzeption ist die des kohärenten Narrativs, das ein Mensch über sein Leben entwickelt, »Lebensskript« genannt. Dieser »Reim aufs Leben«, den der kleine Mensch sich macht, wirkt dann bald wie ein unbewusster Lebensplan, der später bestimmte Beziehungen, Lebensbühnen, Entscheidungen aufsuchen und andere vermeiden lässt. Je nach Rigidität, mit der ein solcher Lebensplan fixiert ist oder Möglichkeiten lässt, entwickelt sich dann auch die psychische Gesundheit.

Beziehung und Kommunikation: Hier zeigt sich nach heutigem Stand der Praxis der Transaktionsanalytiker der Kernpunkt der TA. Transaktionen angemessen gestalten, verantwortliche statt symbiotischer Beziehungen leben, transparente statt spielträchtiger Beziehungen, Hier-und-Jetzt-Beziehungen statt Übertragungsbeziehungen hervorrufen, darin liegt die Veränderungsarbeit des Transaktionsanalytikers in Therapie, Beratung und Coaching.

Wirklichkeits- und Kontextbezug (Systemkontext): Für diese Ecke im Diamanten ist die TA vor allem durch das psychologische Rollenweltenmodell und das Modell der Systemdynamiken positioniert. Das Rollenweltenmodell gibt Hinweise zum Einfluss, zum Agieren und zu den Konflikten des Menschen in Organisations-, Professions-, Privat-, Gemeinwesen- und Konsumwelt. Das Systemdynamikenmodell erfasst dann Einheiten über die einzelne Person hinaus und beschreibt Organisationen oder Teile davon in zehn handlichen Dimensionen (s. z. B. Abb. 12), die dann Grundlage für eine Interventionsarchitektur sein können (Mohr 2006).

Entwicklung und Veränderung: Entwicklung und Veränderung werden in der TA in allen bisher genannten Perspektiven (Persönlichkeit, Beziehung, Kontextbezug) vollziehbar.

Professionsmethoden: Hier ist die TA außerordentlich offen. Man erkennt den Transaktionsanalytiker nicht anhand bestimmter Rituale wie Aufstellungen, Verwendung einer Couch oder bestimmter Sprachfiguren. TAler sprechen Umgangssprache und integrieren gerne Methodiken aus vielen anderen Verfahren. Allenfalls die Bedeutung des »Vertrags«, des Treffens von bewussten Vereinbarungen, ist typisch für TAler, obwohl das die meisten anderen Verfahren heute ebenfalls übernommen haben. Die in der TA verwandten Interventionsformen lassen sich dadurch gut mit anderen verbinden. Der transaktionsanalytische Berater, Therapeut oder Coach ist in seiner Beziehungsgestaltung von den drei »P« getragen: *Protection,* der Schutz für den Klienten und die ihm Anvertrauen, *Permission,* die Erlaubnis zum Wachsen, Experimentieren und zur Autonomie, und *Potency,* die persönliche Stärke, Ermutigung und der persönliche Standpunkt. Gerade die Potency unterscheidet die TA von sehr nondirektiven Beratungsansätzen. Die Tabellen im Anhang zeigen den Unterschied von TA zur Hypnotherapie, der Jung'schen Psychologie und mit einem reinen systemischen Ansatz. Für die sechs Dimensionen braucht jede beraterische und therapeutische Richtung passende Antworten. Diese werden im Folgenden für den Transaktionsanalytiker konkret beschrieben.

2 Individuelle systemische Transaktionsanalyse

2.1 *Das Menschenbild der systemischen Transaktionsanalyse*

Professionelle Beratung und Therapie erfordern ein Menschenbild, das tragfähig für diesen Kontext ist, der die Realität von Entwicklungen abbildet. Dies meint nicht nur Kenntnis, sondern verinnerlichtes Wissen, das man in Erleben und Verhalten umsetzen kann. Gleichzeitig wird eine systemische Distanz erwartet, die es erlaubt, dass dieses Menschenbild auch kritisch hinterfragt werden kann. In der klassischen Transaktionsanalyse ist das Menschenbild durch einige Kernsätze geprägt (Stewart a. Joines 1987, p. 6; dt. 1990, S. 28):

> »Die Menschen sind in Ordnung«, »Jeder hat die Fähigkeit zu denken«, »Wir entscheiden über unser Leben«, »Jede Arbeit stützt sich auf einen Vertrag«, »Die Kommunikation ist offen und frei«.

Bezüglich des bewussten Entscheidens sind spätestens seit dem Libet-Experiment erhebliche Zweifel angebracht. Benjamin Libet konnte nachweisen, dass ein bestimmtes Verhalten im Gehirn bereits nachweisbar ist, bevor es bewusst wird. Auch bezüglich der Entscheidungsprozesse und der Umsetzung von Entscheidungen ist man durch die Erfahrung therapeutischer und beraterischer Entwicklungsprozesse heute nicht mehr so euphorisch. Man muss vielmehr annehmen, dass die möglichen Optionen beim Einzelnen durchaus nicht unbegrenzt sind und Transferprozesse länger dauern als früher angenommen. Dies hat die Entwicklung der TA von einer betont entscheidungsorientierten Kurzzeitmethode hin zum längeren Erfahren eines neuen Beziehungskontextes verändert. Insofern kann man vom systemischen Standpunkt her das folgende Menschenbild formulieren (Mohr 2008):

Die Sicht auf den Menschen in der Transaktionsanalyse ist entwicklungsoptimistisch, realistisch und systemisch.

Entwicklungsoptimistisch bedeutet, die grundsätzliche Orientierung der Transaktionsanalyse ist darauf ausgerichtet, dass ein Mensch sich entwickeln, Neues erfahren und psychisch wachsen kann. Berne selbst hatte schon die Idee von einer Kraft im Menschen, die ihn grundsätzlich auf persönliches Wachsen ausrichtet, er nannte sie »Physis«. Sie kann allerdings durch vielerlei Beeinträchtigungen, zu denen wir noch kommen werden, gehemmt sein.

»*Realistisch* meint in dem Zusammenhang, dass das Leben in seiner ganzen Breite angenommen wird. Es gibt keinen pauschal positivierenden Blick. Betrachtet werden auch der Schatten und negativ wirkendes Verhalten, sei es beispielsweise kriminelles oder auch schädigendes Verhalten, wie es in der Gesellschaft und auch in Beruf und Organisationen immer wieder vorkommt« (Mohr 2010).

Ausdrücklich benannt wird der *systemische* Aspekt, dass Menschen vernetzt miteinander und kontextbezogen reagieren und gleichzeitig aufgrund ihrer jeweiligen Konstruktion von Wirklichkeit antreten. Die systemische Transaktionsanalyse erweitert also das Menschenbild. Sie birgt im Kern tatsächlich einen anderen Schwerpunkt als die klassische Vorstellung vom Menschen. Im Systemischen wird die Kontextabhängigkeit jedes Verhaltens in den Vordergrund gestellt. Darin ist auch der eigenbezogene (autopoetische) Teil, dass der Mensch sein eigenes System zu stabilisieren versucht, enthalten. Menschen tun dies allerdings, indem sie sich dem Kontext anpassen. Gerade herausfordernde Situationen zeigen die Flexibilität des menschlichen Verhaltens. Das Gefängnisexperiment von Milgram (vgl. 1974, 1997) und Zimbardo (vgl. 1982, 2005) zeigte, wie Menschen eine Rechtfertigung dafür finden, Gewalt einzusetzen. Ebenso sind historische Erfahrungen zum Beispiel aus der Nazi-Zeit erklärbar. Der liebevolle Familienvater, der abends mit seinen Kindern spielte, quälte am nächsten Tag als KZ-Aufseher Menschen. Das System lieferte ihm eine Rechtfertigung. Hier zeigt sich deutlich, dass ein Menschenbild nicht generell das O.k.-Sein von Menschen unterstellen kann. Der Mensch ist an der Aufrechterhaltung seines innerlich geschaffenen Systems interessiert, dies kann für ihn selbst und andere absolut schädigende Aspekte bringen. Der Berne-Schüler Claude Steiner hat den »Positionshunger« postuliert (Steiner 1984, S. 53). Damit ist die Tendenz gemeint, die früher erworbene Grundposition zu halten (o. k. – o. k./o. k. – nicht o. k./nicht o. k. – o. k./nicht o. k. – nicht o. k.), die Bewertung von sich selbst und des Gegenübers. Die Kontextbezogenheit des Menschen erklärt die Breite des menschlichen Verhaltens weit besser als eine pauschale Annahme des Positiven. »Positiv« hängt vom Kriterium ab. Dieses Kriterium ist in erster Linie am äußeren Verhalten gegenüber anderen Menschen anzusetzen. Transaktionsanalyse steht in der Tradition Jean-Jacques Rousseaus, der davon ausging, dass die Umwelt den Menschen prägt. Für das pragmatische Vorgehen ist die Annahme des subjektiv Positiven bei einem Klienten sinnvoll. Es ist aber nicht immer so, dass der Kontakt mit einem Menschen besser wird, wenn man ihn »positiv anspricht«. Meine Erfahrung mit Menschen mit schweren Persönlichkeitsstörungen oder auch mit Suchtmittelabhängigkeit ist eher so, dass sie realistisch wahrgenommen und nicht mit »therapeutischem Slang« angesprochen werden wollen. Es gibt nicht *das* adäquate Menschenbild mit bestimmten positiven Eigenschaften, auf die man sich beziehen kann. Menschen scheinen zu einigem fähig. Bei den Bombenanschlägen 2005 auf die Londoner U-Bahn sagten viele Briten: »Wir können nicht verstehen, dass Leute aus unserem Land so etwas tun können.« Dies implizierte letztlich, dass es woanders möglich sein könnte, nur nicht hier. Es war die unterschwellige Theorie, dass es gute und böse Ausprägungen von Menschen gibt, die sich auch nach Ländern unterscheiden. Ich als Deutscher dachte bei mir, wir wissen, was aus dem eigenen Volk alles möglich ist.

Grundbedürfnisse und Physis: Zum Menschenbild der Transaktionsanalyse gehört die Annahme bestimmter Grundbedürfnisse und Triebkräfte. Berne selbst sah drei Grundbedürfnisse, das nach Anerkennung, das nach Stimulation und das nach Struktur. Das Bedürfnis nach *Anerkennung* wurde oft etwas vereinfacht dargestellt, als ob es um ein Lob ginge. Der ursprüngliche Begriff »Recognition« bedeutet mehr ein »Wirklich-gesehen-Werden«. Mountain und Davidson (2015) sehen hinter dem Bedürfnis nach Anerkennung das Bedürfnis nach Zugehörigkeit. Das Bedürfnis nach *Stimulation* leitete Berne aus der Erfahrung ab, dass Menschen ohne visuelle, auditive oder kinästhetische Reize nicht leben können. In neuerer Forschung würde man von Resonanzerleben sprechen, das Menschen erstreben (Rosa 2016). Das *Struktur*bedürfnis wurde schon in Richtung des Strebens nach Konsistenz der eigenen Erfahrung beschrieben. Einfache Interpretationen sollte man hinterfragen, vor allem da Berne auch noch ein Bedürfnis nach Geführtwerden daraus ableitete (Berne 2005, p. 204). Dies ist sicher auch seiner Zeit, den 1960er-Jahren, geschuldet, in der »Leadership« anders als heute gesehen wurde. Interessant sind weitere Triebkräfte, die seine Schülerin Fanita English im Menschen fand, den Willen zum Überleben, den Gestaltungswillen und das Ruhebedürfnis (English 1977). Während Bernes Bedürfnisse eher rezeptiv formuliert sind, haben Englishs Triebkräfte eine deutlich aktivere Form. Eine interessante Vertiefung nehmen Moursund und Erskine (2004, p. 41) im Hinblick auf Beziehungen vor und ergänzen vor allem auch die Bedürfnisse, »von anderen initiiert zu werden« und auch Zuneigung und Liebe geben zu wollen. Das erinnert an die von Hellinger betrachtete Form der unterbrochenen Hinbewegung von Menschen zu anderen Menschen. Kritisch ist bei den Grundbedürfnissen anzumerken, dass natürlich jede Menge anderer Formulierungen für sie möglich sind, wie es etwa Rosenberg in seiner Bedürfnisliste zeigt (2003, S. 68 f.). Mit »Physis« hat Berne einen interessanten Begriff gewählt für eine im Menschen angenommene positive Wachstumskraft.

Physis lässt sich nicht einfach belegen. Es scheint sich dabei eher um eine Glaubensfrage zu handeln, und es stellt sich auch die Frage »Wachstum wohin?«. Die systemische Antwort auf das »Wohin?« dient zunächst dem Selbsterhalt und in zweiter Linie der Anpassung an sich verändernde Kontextbedingungen. Das heißt, die Wachstumskraft ist nicht hin zu einem moralisch Guten, dies wäre mehr eine spirituelle oder religiöse Orientierung, sondern hin zum Überleben des Systems.

Evolution und Revolution (Mohr 2008): Eric Berne stand mit seinen Ideen in den 1950er- und 1960er-Jahren unter dem Einfluss der aufsteigenden humanistischen Psychologie. Modelle wie Abraham Maslows Bedürfnispyramide (vgl. 1970), aber auch die neue Kybernetik Norbert Wieners waren ihm nicht fremd. Berne initiierte zwei revolutionäre Ideen in der Beratungslandschaft.

Kurzzeitberatung: Die Maxime »Erziele einen signifikanten Fortschritt in der ersten Sitzung, und wenn das nicht gelingt, in der zweiten, usw. …« war die Alternative zum jahrelangen »Liegen auf der Couch« beim Psychoanalytiker.

Transparenz: Wenn beispielsweise bei einer Fallbesprechung in einer Klinik über den Patienten gesprochen wird, kann und sollte er dabei sein. Dies bedeutet, den zu Beratenden nicht mehr zum Objekt zu machen, wie es zuvor oft der Fall war. Außerdem verlangte dies eine Sprache, die auch ein Beratungsklient versteht.

Berne starb leider sehr früh mit 60 Jahren, im Jahr 1970. Die transaktionsanalytische Methode wurde jedoch von vielen in Theorie und Praxis intensiv weiterentwickelt. Es gibt TA-Länder-Gesellschaften, etwa in Deutschland die DGTA (www.dgta.de), darüber hinaus länderübergreifende Organisationen wie die EATA (www.eatanews.org) und auch die internationale TA-Gesellschaft ITAA (www.itaa-net.org [alle 10.9.2019]), die die Entwicklung der TA und die Qualität der Weiterbildung fördern.

Radikale Wertschätzung gegenüber sich selbst und anderen: Der bekannteste Slogan aus der TA lautet: »Ich bin o. k., du bist o. k.« Obwohl diese Formulierung für mache etwas oberflächlich klingt, steckt darin ein sehr weitreichendes Postulat: Jeder Mensch wird im Kern als in Ordnung betrachtet. Das erinnert an christliche oder buddhistische Wertvorstellungen. Für Berne kommt der Mensch mit bestimmten Anlagen auf die Welt, die er unter günstigen Umständen entwickeln wird. Viele der späteren Potenziale eines Menschen werden in der Kindheit angelegt. Die Betonung liegt auf den Lernprozessen und den Auswirkungen der Umfeldbedingungen in den wesentlichen prägenden Jahren. Der Ansatz erinnert sehr an das »Urvertrauen« von Bernes Lehrer Erik Erikson.

Bewusstes und Unbewusstes: Die Transaktionsanalyse versucht insbesondere die unterschiedlichen Ebenen des Bewussten, Vorbewussten und Unbewussten zu unterscheiden und beobachtbar zu machen, damit darüber eine Art Metabewusstsein entsteht. Davon verspricht sie sich, etwaige Verhaltensänderungen oder den Weg zu neuem Erleben zu ermöglichen.

Auf den ersten Blick hört sich »Bewusstes« positiv an. Über etwas Bescheid wissen erscheint besser, als darüber nicht zu verfügen, weil man auf »sicherer Datengrundlage« entscheiden kann. Allerdings zeigt sich gerade bei Verhaltensthemen eine interessante Wendung. Die Suche nach Ursachen oder Wahrheit ist oft eine endlose Spirale, in der sich ein vielleicht problematisches Verhalten häufig nicht verändert. Diesen systemisch sehr interessanten Zusammenhang hat der Psychotherapeut Bernhard Trenkle (2012) mit der folgenden Frage an Klienten auf den Punkt gebracht: »Angenommen, Sie können entweder nur die Ursache von etwas finden oder nur eine Änderung herbeiführen, ohne dass Sie über die ursprüngliche Ursache Bescheid wissen, welche Variante wollen Sie?« Die Antwort ist in der Regel, dass sich die Menschen für die Änderung entscheiden und auf das Ursachenwissen verzichten. Das Unbewusste ist vor dem Hintergrund des Phänomens, dass Aufmerksamkeitssteuerung das Wahrgenommene und die entstehende Wirklichkeit bestimmen, neu zu justieren. Etwas nicht im Bewusstsein zu haben ist nicht irgendwie besonders oder gar pathologisch, sondern ein Prozess, der aus unterschiedlichen Gründen bei Menschen stattfindet. Insofern lassen sich auch unterschiedliche Quasirubriken des Unbewussten (Mohr 2008) unterscheiden.

2.2 Persönlichkeit und Unterschiedlichkeit

Die zweite systemische Perspektive auf eine psychologische Methode betrifft deren Sicht auf Persönlichkeit und Unterschiedlichkeit von Menschen. Was macht den Unterschied zwischen Menschen aus? Wie kommt er zustande? Zwei Grundideen prägen die Persönlichkeitsvorstellung der Transaktionsanalyse. *Die erste Grundidee ist:* Jeder Mensch verfügt gleichzeitig über sehr unterschiedliche Erlebens- und Reaktionsmöglichkeiten. Sie bestehen aus einem großen Schatz an sogenannten Ich-Zuständen. Der erlebte Kontext stimuliert die Ich-Zustände. Die Interpretation des Kontextes durch das eigene Erleben kann hier auch durchaus einschränkend wirken, besonders wenn der eigene biografische Kontext sehr rigiden Einfluss nimmt. *Die zweite Grundidee ist:* Menschen bilden sehr früh eine zusammenhängende, konsistente, unbewusst wirksame Geschichte über sich selbst, die anderen und die Welt, genannt das Skript. Hier gilt das Gleiche, was zur Interpretation des Kontextes für die Ich-Zustände gesagt wurde.

2.2.1 Ich-Zustands-Theorien

Theorieentwicklung, Ich-Konstrukt, Metaphern und der Beobachter

Die Ich-Zustands-Theorien sollen im Folgenden etwas ausführlicher betrachtet werden (vgl. auch Mohr 2009), weil in ihnen die systemische Transaktionsanalyse als Modell vielfältiger Perspektiven sehr deutlich wird. Ich-Zustände sind Muster des Erlebens und Verhaltens, die aus unterschiedlichen Perspektiven betrachtet werden können. Sie sind potenzielle Reaktionen, eher Prozesse oder Aktivitäten als feste Elemente. Deshalb sind sie auch nicht statisch, sondern verändern sich:

> Ein Ich-Zustand ist definiert als ein zusammenhängendes Muster aus Denken (Einstellung), Fühlen und Verhalten.

Vielleicht ist ein Ich-Zustand auch immer mit einem Bedürfnis assoziiert, aus dessen Wurzel er kreiert wurde. So könnte man die übliche Kreisdarstellung der Ich-Zustände noch durch Sektoren des Bewussten und Unbewussten ergänzen. Systemisch hat ein Musterbildungsprozess (Radakrishnan 2006; Mohr 2012b) stattgefunden. Bestimmtes Denken, Fühlen und Verhalten, zu dem auch die Körperhaltung und Körperreaktionen gehören, haben sich miteinander verbunden. Die Hebb'sche Regel »Neurons that fire together wire together« (»Neuronen, die miteinander feuern, vernetzen sich miteinander«) macht diesen Prozess auf neurologischer Ebene klar.

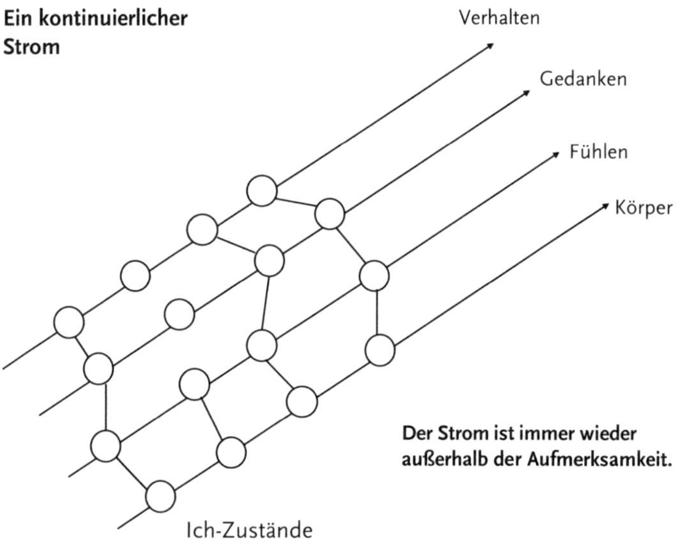

Abb. 2: Strom aus Denken, Fühlen, Verhalten und Körper (Quelle: Mohr 2008, erweitert 2019)

Viele Ich-Zustände sind sicher nur kurz vorhanden und flüchtig. Oft allerdings entwickeln Menschen Gewohnheitsmuster, die sich immer wieder auf bestimmte Ich-Zustände begrenzen, beispielsweise gelernt durch ein besonders eindrückliches, traumatisches Ereignis oder eine *steady poison,* also eine längere Konfrontation mit einem Thema. Berne hatte allerdings schon mit dem Satz »Jeden Tag ein neuer Ich-Zustand« auf die fortwährende Entwicklung des Menschen hingewiesen. Nun ist, systemisch gesehen, die Konzeption des »Ich« ein ganz spannendes Feld. Es lässt den Beobachter nicht außen vor, denn es geht immer auch um das »eigene Ich«. Die meisten Menschen wollen sich ein Bild von ihrer Persönlichkeit machen. Wer oder was ist das eigene Ich? Die Hirnforschung hat sehr viele interessante Ergebnisse zutage gebracht, aber der Sitz dessen, was Menschen als ihr »Ich« empfinden, ist weiterhin nicht biologisch umrissen. Es gibt keinen organischen Platz des Ich, weder im Kopf noch beim Herzen. Diese Vorstellung ist für Menschen oft seltsam, weil damit ein wesentlicher Identifikationspunkt des eigenen Lebens keine eindeutige organische Repräsentation aufweist, das »Ich« nur eine Konstruktion ist. »Cogito, ergo sum« (Descartes) wird oft für die Existenz des Ich angeführt. Man kann es aber, streng genommen, auch interpretieren als »Solange ich denke, existiert ein Ich«. Das Ich ist also nicht der, der denkt, sondern das Denken kreiert erst ein Ich. Und wenn nicht gedacht wird, gibt es auch kein Ich. Meditationsansätze wie Zen sympathisieren mit dieser Vorstellung (Poraj 2016).

Die Ich-Zustands-Theorie der Transaktionsanalyse stellt sehr vielfältige, fruchtbare Anhaltspunkte für das Konstrukt »Ich« zur Verfügung. Eric Bernes ursprüngliche, nicht immer konsistenten Gedanken kennzeichnen über 50 Jahre praktische Erfahrung, intensive Erprobung und Weiterentwicklung des theoretischen Konzeptes. Rufen wir uns in Erinnerung, für welche wesentlichen Ziele psychologische Theorien in Therapie, Beratung, Bildung und Veränderung dienen. Sie gestatten im positiven Fall, Anleitung für praktisches Handeln zu geben, siehe Kurt Lewins Statement: Eine gute Theorie ist die beste Praxis (»Nothing as practical as a good theory«).

Das zweite Ziel ist, Akzeptanz und Kommunikationsfähigkeit bei relevanten Bezugsgruppen, also Klienten und Ausbildungskandidaten, zu bekommen. Als Drittes gilt es, eine Grundlage für Evidenz, den wissenschaftlichen Nachweis, zu bilden. Trautmann und Erskine (1981), Rath (1992), Schmid (1994) und Sills und Hargarden (2003) haben zur Ordnung der Theoriebeiträge hervorragende Strukturierungs- und Überblicksvorschläge gemacht, die in die folgende Betrachtung mit eingeflossen sind.

Die Herkunfts- und Ursprungsfrage – Wie entsteht ein Erlebens- und Verhaltensmuster?

Die erste Unterscheidungsfrage ist die nach der Herkunft von Persönlichkeitsteilen. Auf welchen Ursprung wird ein bestimmtes persönliches Muster zurückgeführt? Dabei werden meist drei Musterkategorien für Ich-Zustände beschrieben (Berne 1964 [dt. 1970], p. 28):

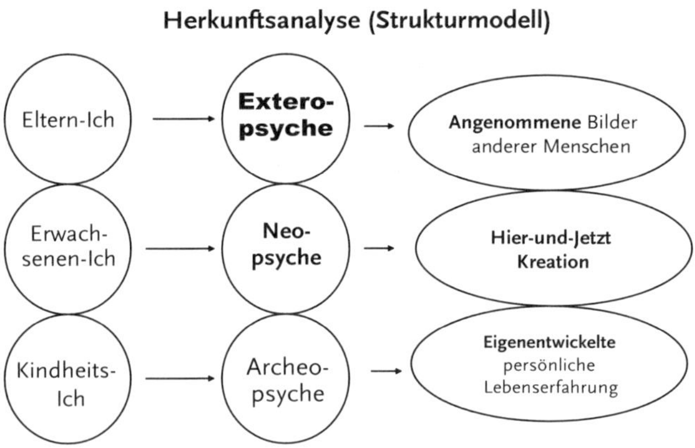

Abb. 3: Herkunftsmodell der Ich-Zustände (Quelle: Mohr 2001)

Eltern-Ich (»Exteropsyche«): ein System von Mustern aus Einstellungen, Gedanken, Verhaltensweisen und Gefühlen, die wir von Elternfiguren oder aus anderen signifikanten Quellen übernommen haben, z. B. aus der Literatur, von Lehrern, Ausbildern usw.

Kindheits-Ich (»Archeopsyche«): alle Muster, die in der Vergangenheit selbst entwickelt sind, frühere Erfahrungen, Reaktionen darauf und die Grundanschauungen über sich und andere.

Erwachsenen-Ich (»Neopsyche«): das aktuelle Neubestimmen, Musterbilden im Hier und Jetzt; das Intelligente, die aktuelle äußere und innerpsychische Realität achtsam verarbeitend.

Das Erwachsenen-Ich wirkt wie eine »Residual«-Kategorie, die Berne Neopsyche nannte, der er aber die wenigste Bestimmtheit attestiert. Natürlich gibt es hier gedankliche Parallelen zum »Es-Ich-Über-Ich-Modell« der Psychoanalyse, und viele von außen auf die TA schauende Anwender (z. B. Rückle 2000) sehen hier keinen Unterschied. Der Ich-Zustand ist allerdings konkret, hat Adresse und Telefonnummer, wie Steiner (2003) bemerkt. Man könnte neben den drei Kategorien bezüglich der Herkunft sicher auch noch andere Herkunftsorte fokussieren: die eigene Jugendzeit (Pubertät) (z. B. Nelles 2012), die erlebten Berufs- und Professionswelten, den Lebenspartner, die eigenen Kinder oder sogar frühere Leben, woran man in einigen größeren Regionen der Welt glaubt. Die Transaktionsanalyse meint mit den Ich-Zuständen ganz konkrete in der Psyche vorhandene Muster. So ist in der praktischen beraterischen Arbeit zu explorieren: Geht es um neu zu entwickelnde Reaktionsmuster für eine bestimmte Situation? Wird automatisch ein altes, heute wenig taugliches Muster genutzt? Oder gibt es vielleicht ein nützliches Vorbild für die Situation, das jedoch völlig ins Unbewusste abgeglitten ist?

Die Frage der Ausdrucksqualitäten (Funktionsmodell)

Die zweite Unterscheidungsfrage für die Muster aus Denken, Fühlen und Verhalten ist die nach dem Kriterium ihrer sozialen Ausdrucksqualität, das sogenannte Funktionsmodell:

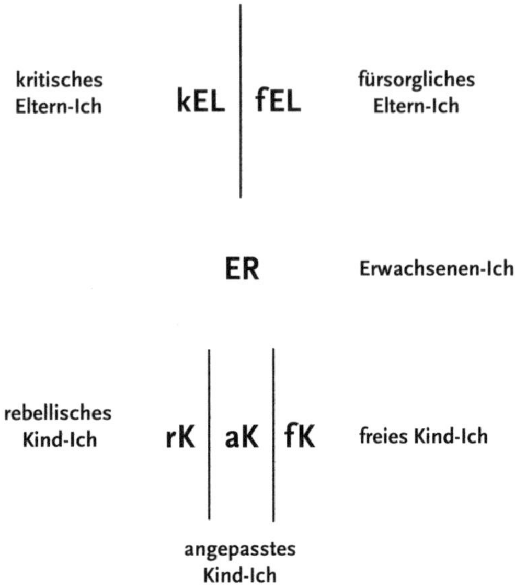

Abb. 4: Ausdrucksqualitäten (Quelle: Mohr 2008, nach Berne)

Dieses Modell stellt sechs Persönlichkeitshaltungen dar, die wie ein inneres Team (Mohr 2003) individuell ausgeprägt die unterschiedliche Charakteristik des Einzelnen ausmachen. In Klammern sind die von Berne gewählten, manchmal etwas missverständlichen Metaphern aus der Familienwelt aufgeführt:

- eine natürliche, spontane, gefühlsbetonte Haltung (freies Kind-Ich: fK)
- eine sich an Erwartungen anderer anpassende Haltung (angepasstes Kind-Ich: aK)
- eine prinzipiell gegen Erwartungen gerichtete Haltung (rebellisches Kind-Ich: rK)
- eine sich um andere kümmernde Haltung (fürsorgliches Eltern-Ich: fEL)
- eine einschränkende und orientierende Haltung (kritisches Eltern-Ich: kEL)

- die vernunftgeprägte, moderative Haltung (Erwachsenen-Ich: ER).

Mit den sechs Haltungen im Funktionsmodell, die der familiären Beziehungskonstellation entnommen sind, setzt man implizit die lebenslange Dominanz der frühen Familiensituation voraus. Systemisch könnte man für Lebensaufgaben auch andere Ausdrucksqualitäten nehmen, ein sehnsüchtiges Ich, das auf die Zukunft orientiert ist, ein einfühlsames Ich, das mit anderen Menschen mitschwingt, oder ein kämpferisches Ich, das sich für Ziele einsetzt. Mit seinem Genius hat Berne viele Ideen entwickelt und veröffentlicht. Leider starb er zu früh, sodass sich die Erben der Sortierungsaufgabe stellen mussten.

Die Einheitsidee und das »Starfighter«-Problem

Einige Erben haben dann den Blick auf die Einheit von Entstehung und Ausdruck, andere auf die Unterschiedlichkeit gerichtet. Die erste Gruppe hat folgende Grundidee: Es gibt »den« Ich-Zustand, der alle Aspekte verknüpft. Eine zweite Gruppe betont die Unterschiedlichkeit der Fragestellungen. Ich habe, einer verbreiteten Gewohnheit folgend, die einzelnen Theoriebeiträge mit bestimmten Autoren in Verbindung gebracht. Gleichzeitig ist mir bewusst, dass da auch manchmal ein anderer Name stehen könnte. Oft liegen Ideen nahe beieinander. Wer Ideen am besten vermarktet, muss nicht der wesentliche Ideengeber sein. Schon viele Ideen in Bernes Büchern stammen wahrscheinlich eher von seinem Kollegen David Kupfer, wie Fanita English in Gesprächen mit Sigrid Röhl (2004, S. 114) berichtet. Berne hat die Ideen aber kompetent in Büchern an die Öffentlichkeit gebracht. Die Zuordnung einer Idee zu einer Person ist insofern nicht immer ganz gerecht. Man merkt sich einen Ansatz oder eine Markierung um eine Person aber besser.

Die Einheitstheorie besteht darin, Eltern-Ich, Kind-Ich und Erwachsenen-Ich nicht systemisch-konstruktivistisch als Perspektiven und Landkarten, sondern als tatsächlich verdinglichte, identifizierbare und existierende Einheiten bei einer

Person anzunehmen. Die maßgeblichen Ich-Zustände »sind« die Persönlichkeit. Eine Unterscheidung nach verschiedenen Fragestellungen, etwa »Wo kommt der Ich-Zustand her?« oder »Wie drückt er sich nach außen aus?«, wird nicht vorgenommen. Auch eine systemische Distanz, dass es sich bei Modellen immer um »Landkarten« handelt, fehlt. Claude Steiner hat sich stets als Vertreter der Einheitstheorie gezeigt. Dazu drei Zitate:

> »Das Erwachsenen-Ich ist der rationale, problemlösende Ich-Zustand«, »Das Kind-Ich ist der emotionale Ich-Zustand«, »Das Eltern-Ich ist der beurteilende, auf Tradition basierende, vorurteilsbezogene, regelbezogene Ich-Zustand«.

Außerdem sagt er:

> »Die drei Ich-Zustände sind sichtbare Manifestationen von in der Evolution entwickelten neuronalen Expertensystemen« (Steiner 2003, p. 12).

Er bleibt bei der Einheitstheorie, auch wenn er die Ich-Zustände informationstheoretisch als unterschiedliche Wege der Informationsverarbeitung beschreibt (»different ways of processing information«, 1997, p. 16). In der Folgezeit kamen vonseiten der Einheitstheoretiker interessante Beiträge. Oller-Vallejo (1997, 2003) geht es dabei vor allem um eine Rückkehr der Idee eines integrierten Erwachsenen-Ich hin zum Drei-Ich-Zustände-Modell, die sich alle drei weiterentwickeln. Der Charme der Einheitstheorie liegt in der einfachen Argumentationskette, die im Erstkontakt mit der TA besticht: (1) die assoziative Kette (z. B. von den Eltern stammend, »elterlich« handelnd und wertemotiviert), die entsprechende Hypothesen in Beratung und Therapie ermöglicht; (2) das Einheitsgefühl, das der Zusammenhang bringt. (3) Didaktisch ist ein einheitlicher Ansatz für Anfänger ebenfalls viel griffiger als differenzierte Komplexität. (4) Zusätzlich ist die Metaphorik hilfreich für die Vorstellungswelt des Adressaten. Eltern, Kind, Erwachsene, jeder kann sich da etwas ausmalen.

Doch die Einheitstheorie hat das »Starfighter«-Problem. Der Starfighter war ein Kampfflugzeug in den 1960er- bis 1980er-Jahren, das durch die Überladung mit Aufgaben so anfällig wurde, dass es häufig abstürzte. So geht es auch der Einheitstheorie. Beschreibt man beispielsweise das Eltern-Ich als von den Eltern stammend, eher wertegeleitet und sich fürsorglich oder kritisch zeigend, so kommen diese Bedingungen wohl manchmal in einer Reaktion eines Menschen zusammen, aber es gibt viele andere Varianten. Fürsorgliches Verhalten kann auch selbst entwickelt sein (Kind-Ich-Zustand) und muss auch nicht wertegeleitet, sondern kann auch gefühls-(empathie-) bestimmt sein. Das Einheitsmodell ist somit theoretisch nicht konsistent.

Die Ich-Zustands-Modelle der Unterschiedsidee
Ich-Zustände können aber auch nach weiteren differenzierten Fragestellungen und Kriterien kategorisiert werden (Mohr 2009). Pearl Drego (2005) sieht in Bernes vier Diagnoseformen der Ich-Zustände (historisch, phänomenologisch, verhaltensbezogen, hinsichtlich der sozialen Auswirkung) vier Behandlungsansätze. In der Literatur wurden die Ich-Zustände in der Folgezeit nach vielerlei Fragestellungen gruppiert:

1) **Von welcher Person** stammt dieser Ich-Zustand? Betrifft z. B.: die personenbezogene Ursprungsfrage (nach Vater, Mutter, Personen noch früherer Generationen).
2) **Aus welcher Zeit** stammt der Ich-Zustand? Betrifft z. B.: pränatale Zeit/Kindheit/Jugendzeit/Erwachsenenalter – Hier und Jetzt – Zukunft.
3) **Mit welcher Qualität** drückt sich ein Ich-Zustand aus, sowohl im internen Dialog als auch im externen? Er ist z. B. kontrollierend-einschränkend oder raumgebend-fördernd.
4) **Wie wirkt der Ich-Zustand, positiv oder negativ?** Vgl. z. B.: Wagner (1972) – »blaue« und »rote« Ich-Zustände.
5) **Welcher innere Modus** leitet den Ich-Zustand? Vgl. z. B.: Werte – Logik – Gefühl (Trautmann a. Erskine 1981).

6) **Welche inneren Beziehungsfiguren** entstehen intern zwischen den Ich-Zuständen? Vgl. z. B.: die Beziehung zwischen einer introjizierten Haltung eines Elternteils (herkunftsanalytisches Eltern-Ich) zu einer selbst entwickelten eigenen Haltung (herkunftsanalytisches Kindheits-Ich).
7) **Wie zeigt sich die Haltung** eines Menschen in Bezug auf einen speziellen Kontext? Vgl. z. B.: im Rollenmodell (Schmid 1994; Mohr 2000, 2006) dargestellt.
8) **Wie reif und »integriert«** ist eine psychische Reaktion? Vgl. z. B.: im Modell des integrierten Erwachsenen-Ich.

Die Vorteile der Unterschiedstheorie sind: (1) Differenziertheit und logische Klarheit, (2) bessere Basis für wissenschaftliche Untersuchungen, (3) neutralere Sprache – als Gegensatz zu einem psychologischen »Dialekt«, (4) Erhöhung der Kommunikationsfähigkeit bezüglich anderer Methoden.

Die Embodimentfrage: Christoph-Lemke und Weil (1997) ergänzten vor einigen Jahren die Definition des einzelnen Ich-Zustands aus Denken, Fühlen und Verhalten ausdrücklich um den Aspekt Körper. Der Körper ist im Zeitalter des *Embodiment* (Storch et al. 2010) ein wichtiger Aspekt, dessen eigenständige Betonung Sinn ergibt.

Entwicklungspsychologie: Schon sehr früh in der Beschäftigung mit Ich-Zuständen gab es den Versuch, entwicklungspsychologische Erkenntnisse in das Ich-Zustands-Modell einzubauen. Einzelne Ich-Zustands-Systeme wurden noch einmal unterteilt. Es entstanden ein Ich-Zustands-Modell erster, zweiter, sogar noch weiterer Ordnungen. Eine theoretische Konsistenz der verschiedenen Aussagen der Ich-Zustands-Theorie kann dadurch nicht erreicht werden. Zudem überfrachtet man das Ich-Zustands-Modell an dieser Stelle theoretisch. Für die Entwicklungspsychologie gibt es andere Theoriekonzepte. Zur Veranschaulichung können jedoch die elterlichen Ich-Zustände in den Eltern-Ich-Zustand des Mitgliedes der nächsten Generation in das Kreismodell eingezeichnet werden. Das Baumringemodell von Fanita English, das die Entwicklung wie in Baumringen darstellt, ist ebenfalls für Lehrzwecke günstig.

System und Rollen: Nur durch das systemische Denken wurde das Rollenweltenmodell möglich. In Erweiterung der soziologischen Rolle, die Erwartungen hervorhebt, definierte Bernd Schmid (2006) die psychologische Rolle:

> »Eine Rolle ist ein kohärentes System aus Einstellungen, Gefühlen, Verhalten, Wirklichkeitsperspektive und zugehörigen Beziehungen.«

Wie man sieht, ist der Ich-Zustand um den Wirklichkeits- und Beziehungsaspekt ergänzt, zwei typisch systemische Aspekte. War Schmids Drei-Rollenwelten-Modell mit Organisations-, Professions- und Privatrollen sehr auf die Berufsausübungsperspektive ausgerichtet, so ist mit der Integration der Gemeinwesenrolle und der Konsumentenrolle im Fünf-Welten-Modell eine weiter greifende Perspektive für das Handeln in den Lebenswelten unter Einbeziehung gesellschaftlicher Rollen und Konsum und Ressourcenverbrauch beschrieben (Mohr 2000, S. 215 ff.; Mohr 2006, S. 79; Steinert 2006, p. 115).

Ungereimtheiten: Ian Stewart (2002) sieht im Funktionsmodell gravierende logische Unschärfen. Die Differenzierung zwischen einer angelernten und einer natürlichen Kindhaltung sei theoretisch nicht durchzuhalten, da die Annahme eines ursprünglich gebliebenen Teils der menschlichen Persönlichkeit allen Lerntheorien widerspreche. Allerdings gibt es m. E. auch didaktische Gründe dafür, das Funktionsmodell als ein Modell für Einsteiger in die persönlichkeitstheoretische Perspektive der Transaktionsanalyse zu erhalten. Es überzeugt sehr schnell durch seine Anschaulichkeit und Plausibilität für die Alltagserfahrung von Menschen. In Kombination mit den Gedanken des inneren Teams ergeben sich schöne Darstellungsmöglichkeiten psychologischer Zusammenhänge (Mohr 2003).

Wissenschaft und klare Definition: Susannah Temple hat das Funktionsmodell so präzisiert, dass sie klare Kategorien bildet, die überprüfbar werden. Sie ermittelte in ihrer Forschungsstudie neue Begriffe im »Temple Index of Functional Fluency« (TIFF) und renovierte die aus den 1960er-Jahren stammende Sprache durch eine neutrale, weniger metaphorische (Temple 2002a, b, 2004). Sie beschreibt Haltungen des Herangehens an die Welt (»Modi«). Als Grundlage für trennscharfe wissenschaftliche Erforschung ist Temples TIFF-Modell eine interessante Variante. Auch die Ergebnisse des Fragebogens zum TIFF sind eine nützliche Gesprächsgrundlage für die Arbeit mit Klienten. Temples Modell verbleibt in der Grundlogik Bernes, die wiederum auf die psychoanalytische Wurzel zurückzuführen ist.

Beziehungszustand: Eine nächste theoretische Impulswelle stellte die Beziehung noch stärker in den Vordergrund. Werden nicht, wenn man an die Entstehung von Ich-Zuständen denkt, immer gleichzeitig zwei Ich-Zustände generiert und aktiviert, ein selbst kreierter (»Archeopsyche«) und ein Bild von irgendeinem Beziehungspartner (»Exteropsyche«), von einem früheren oder jetzigen von außen angenommenen Bild? Ist das Entweder-oder nicht von vornherein eine Verkürzung, so wie jedes Lernen einer Person auch immer vom Lernenden und einem äußeren oder inneren Lehrer oder Lernbeobachter begleitet wird? Das heißt: Nicht ein Ich-Zustand ist innerlich aktiv, sondern immer mindestens ein Zweier-Ich-Zustands-System. Little (2005) weist in diesem Zusammenhang bei der Bildung von Ich-Zuständen auf die Internalisierung der ganzen Beziehung hin. Mithin werden in einer wichtigen entwicklungspsychologischen Situation gleichzeitig ein Eltern-Ich-Zustand und ein Kind-Ich-Zustand gebildet. Ersterer wird als Introjekt internalisiert in Verbindung mit dem selbst entwickelten Kind-Ich-Zustand. Little (ebd., p. 8) sieht in dem Prozess, dass unterschiedliche Ich-Zustände entstehen, eine Aufteilung, wenn nicht gar Spaltung, die wiederum einen Verlust der ursprünglichen Ganzheit des Selbst bedeute. Jedes Heilen, Neulernen und Verändern erfordern in dieser Betrachtung einen Neuaufbau der inneren Beziehungsfigur. In diesen Gedanken liegen wesentliche Hintergründe und Wurzeln der beziehungsorientierten TA. Gedanken in dieser Richtung sind ausführlich in Erskine, Moursund und Trautmann (1999), Hargarden und Sills (2002) sowie Hargarden und Cornell (2005) ausgeführt. Insbesondere Bill Cornell stellt das Neue des Relational-Transactional-Analysis-Ansatzes in seiner Unterschiedlichkeit zur traditionellen psychoanalytischen transferorientierten Vorgehensweise heraus, indem er auch die Veränderung des Therapeuten in seinen Ich-Zuständen bei der therapeutischen Beziehung als Merkmal betont (Cornell 2003). Für die Praxis der systemischen Transaktionsanalyse bietet der »Beziehungszustand« gute Hypothesen. Etwa lässt sich fragen: »Wie muss sich ein Gesprächspartner verhalten, damit er eine bestimmte Reaktion in Ihnen hervorruft, und an wen erinnert er Sie dann?«

Übertragungszustand: Die (Neu-)Begegnung der TA-Ich-Zustands-Theorie mit psychoanalytischem Gedankengut fand auf der Seite der Einheitstheorie mit den italienischen Transaktionsanalytikern Carlo Moiso (vgl. 1985) und Michele Novellino statt, die die Übertragungsthematik in Ich-Zuständen beschrieben haben. Ihre Idee, dass Übertragung darin bestehe, dem Gegenüber den Eltern-Ich-Zustand der eigenen Elternperson quasi wie eine aus der eigenen Erfahrung stammende Maske vors Gesicht zu halten und darauf zu reagieren, ist sehr anschaulich.

Ergänzung der sechs Ich-Zustände: Das 12-Ich-Zustände-Modell von Pio Scilligo, verbindet funktionale Kategorien (kritisch, schützend, frei und rebellisch) mit den drei Ebenen (Eltern, Erwachsene, Kind), so beispielsweise zu einem rebellischen Eltern-Zustand wie auch zu einem kritischen Erwachsenen-Ich. Interessant ist, dass er eine Menge erfolgreiche Forschung zu seinem Modell vorweisen kann. Ein Zitat von Scilligo (2004, p. 8) dazu:

> »In meiner Art, die Ich-Zustände zu begreifen, sind sie immer interpersonale Prozesse; so bin ich nicht geneigt, eine Unterscheidung zwischen Struktur und Funktion zu machen.«

Scilligos Modell ist sicher für viele traditionell ausgebildete Transaktionsanalytiker nicht einfach zu nehmen, da ein »kritisches Erwachsenen-Ich« für sie erst einmal fremd klingt. Es bietet aber mit seinen zusätzlichen Vorstellungsbildern weitere Hypothesen für die Arbeit mit Klienten. Scilligos Ideen differenzieren das Persönlickeitskonzept und führen es aus der ursprünglichen Internalisierung der Eltern-Kind-Beziehung heraus.

Was ist eigentlich Neopsyche? Die Neopsyche rückt in den letzten Jahren wieder mehr in die Betrachtung. Schon James und Jongeward (dt. 1974) hatten in *Born to win* (Orig. 1971) die Vorstellung ausgedrückt, dass das Erwachsenen-Ich alterslos ist (»[...] the adult ego state is ageless«). Sprietsma (1982) hatte dies dann so ausgedrückt: »A person is born adult«. Kinder sind öfter in der unbefangenen Neopsyche als in den anderen Ich-Zustands-Systemen (Mohr 2001). Keith Tudor (2003, dt. 2005) hat dann eine ähnliche Grundidee verfolgt. Er kommt zu einer aktiven, prozesshaften Fassung eines integrierenden Erwachsenen-Ich, das die Neopsyche mit vielen positiven, funktionalen Adjektiven belegt (»fantasievoll«, »kritisch«, »reif«, »überlegt« ...). Es ist in etwa ein Wechsel zu einem Ausdrucksqualitätenmodell, fast eine Rückkehr zum Einheitsmodell. Die Neopsyche ist theoretisch klar nur über den Neuigkeitsbezug oder Neuordnungsbezug definiert. Neopsyche ist sinnvoll, wenn sie die neu kreierten Ich-Zustände beschreibt, die nicht frühere eigene Muster oder von außen, von anderen kommende Muster umfassen. Diese Perspektive eröffnet als praktische Konstruktgröße für neues Lernen kreative Methoden für Therapie, Beratung, Pädagogik und Organisationsentwicklung (Mohr 2001). Praktisch an der Idee des Integrierenden ist, dass man Klienten in dieser Folge fragen kann, wie ihr Bezug zu neuen Erfahrungen ist und wie sie in Lebenssituationen reagieren, in denen aus dem Unbewussten erscheinende Muster früherer Bezugspersonen (»Ich habe meinen Kinder gegenüber Sätze gesagt, die ich bei meiner Mutter immer gehasst habe«) überprüft, integriert oder nicht integriert werden können.

Hirnforschung: Last, but not least ist für die neuere Ich-Zustands-Forschung Allen (2003) zu erwähnen, der einen Ich-Zustand folgendermaßen definiert hat: »Ein State of Mind ist das Gesamtmuster der Gehirnaktivität zu einem gegebenen Zeitpunkt.« (»A state of mind is the total pattern of brain activation at a given point of time«, p. 127). Allen unterscheidet sehr genau die anatomischen Korrelate zu den einzelnen Ich-Zustands-Systemen. Also könnte man doch etwas Organisches an den Ich-Zuständen sehen, so wie es Berne gehofft hatte. Aber je nachdem, von welcher Seite man schaut, bekommt man ein anderes neuronales Netz zu fassen.

Eigenmediation: Eigenmediation hilft, das Zusammenwirken der Ich-Zustände in einer Person zu verbessern. Ich-Zustands-Arbeit kann man auch ganz frei gestalten, indem man die Menschen nach ihren inneren Stimmen befragt und deren individuelles Profil herausarbeitet, jenseits aller Vorgaben von drei oder sechs festen Ich-Zuständen. Dies lässt sich dann noch um weitere »innere Figuren« ergänzen (Mohr 2014). Das sind dann beispielsweise die »stärkste innere Ressource«, »eine zweifelhafte Ressource«, »die weise Frau«, »der Nachfahre in der übernächsten Generation«. Alle diese Perspektiven können dann wichtige Stimmen im inneren Konzert werden. Aus der Sicht der systemischen Transaktionsanalyse ist eine Öffnung gegenüber den vergleichbaren Modellen etwa der Ego-State-Therapy (Fritzsche und Hartmann 2014) sehr sinnvoll. Dafür habe ich den Terminus »freie Ich-Zustands-Arbeit« geprägt. Interessant ist dann hier auch weniger der einzelne Ich-Zustand als die Qualität der Beziehung zwischen den Teilen. Sie können völlig dissoziiert, ohne gemeinsames Auftreten sein – man kann aber auch gute innere Kooperation vorfinden (Mohr 2013).

Insgesamt gilt: Die transaktionsanalytischen Ich-Zustands-Modelle sind als systemische Perspektiven auf die Person gut positioniert, bieten ein breites Spektrum an praktischen Anwendungsmöglichkeiten und passen zur heutigen wissenschaftlichen Entwicklung wie beispielsweise der Hirnforschung.

Kritisch ist bei den Ich-Zustands-Modellen anzumerken, dass die Auswahl der Modi oft in der Tradition der Psychoanalyse bleibt. Es wären genauso gut beispielsweise ein »sehnsüchtiges Ich«, ein »gelassenes Ich« oder ein »willkommen heißendes Ich« denkbar.

2.2.2 Das Lebensplan-(Skript-)Modell

Systemisch auf Persönlichkeit zu schauen bedeutet, Hypothesen über wesentliche Zusammenhänge innerhalb des Systems Einzelperson zu entwickeln. Hier greift eine zweite große Landkarte der Transaktionsanalyse: die Beobachtung, dass Menschen eine Tendenz haben, aus ihren Erfahrungen eine konsistente Geschichte zu machen, was offensichtlich dem Bedürfnis nach Strukturierung der Erfahrung entspricht. Kognitive Dissonanz, das Nichtzusammenpassen von Erleben, wird schlecht ausgehalten. Es ist inhaltlich-geistiges Zusammenbringen, kein rein hirnorganisch oder pur konditionierungsgeleitetes Zusammenfügen. Es ist interessant im Zusammenhang mit der Kritik an der Hirnforschung und ihrem oft rein materialistischem Denken (Gabriel 2017). Der Mensch entwickelt zu seiner Stabilisierung eine Art inhaltliches Drehbuch, eine »Blaupause« für sein Leben (Berne 1975). Dieses (Lebens-) Skript-Modell stellt die tiefenpsychologische Seite der Transaktionsanalyse dar, weil große Teile des »Lebensplans« nach dem Entstehen in der Kindheit ins Unbewusste gesunken sind (Mohr 2000). Die frühe Lebensdeutung bekommt einen Zusammenhang: Wofür ist es/bin ich gut? Wie stehe ich da? Dieser Grundreim aufs Leben kreiert wesentliche Themen, mit denen dieser Mensch sich im Leben auseinandersetzen wird, die wesentlichen Typen von Beziehungspartnern, die er/sie anlockt, und sogar mögliche Formen des Lebensendes. Spätere Ansätze zum Skript haben die Metapher des Theaters hier eingeführt (Schmid 1994). Zum Bedürfnis, das Leben zu erkennen und sich daran dann zu orientieren, gehört auch die schon erwähnte Idee über den eigenen Wert im Vergleich zu anderen. Bin ich im Vergleich zu anderen genauso viel wert, oder darf/muss ich mich mehr oder weniger wert fühlen als andere? In der manchmal plakativen Sprache der TA-Anfangszeit wird von der Einschätzung »o. k. oder nicht o. k. sein« gesprochen. Jedes Individuum entwickelt so ein ihm sehr eigenes Muster eines Denk- und Gefühlsapparates, das wiederum mit bestimmten Verhaltensweisen verbunden ist. Kultur, Familie, eigene Anlagen nehmen Einfluss auf die Tönung dieses Instrumentes, mit dem ein Mensch dann durch das Leben geht und das autopoetisch nach Bestätigung seiner selbst sucht. Bei den meisten Menschen fällt dieses Persönlichkeitskostüm aus Denken, Fühlen und Verhalten nicht sonderlich auf, weil es zu den Erwartungen der Umwelt passt. Aufmerksam wird man auf diesen Teil menschlichen Funktionierens nur durch sehr auffällige Persönlichkeiten. Dass der Mechanismus der Persönlichkeits»kostümbildung« bei jedem Menschen in frühen Jahren am Werke ist, hatte schon Alfred Adler (vgl. 1920/1974) mit »Lebensleitlinie« und »Lebensstil« betrachtet. Heute wird dies durch die Forschungsergebnisse zu kognitiven Schemata und die narrative Psychologie (»Leben als Erzählung«) ebenso außerhalb der TA aufgegriffen. Die Entscheidung für dieses Lebensdrehbuch wird aufgrund der altersspezifischen inneren Entscheidungsprozesse, d. h. auch der kindtypischen Informationsverarbeitung wie magischem Denken, Belebung von Objekten oder Identifikation mit Märchengestalten, gefällt. Sie beruht zunächst bei der äußeren Stimulanz des Kindes sehr stark auf dem nonverbalen Verhalten, der Stimmung der Eltern dem Kind gegenüber. Diese ursprünglichen Verarbeitungsprozesse reproduzieren sich dann später auch im Erwachsenenalter und erklären so manches wenig erwachsene Denken und Verhalten. Grandiose und illusionäre Lösungsideen, Zögern und Unentschiedenheit bei naheliegenden Entscheidungen weisen auf das innere Reproduzieren früher Erfahrungsprozesse hin. Viele Familienforscher (Boszormanyi-Nagy und Spark; Hellinger; Weber) gehen heute sogar von einem Mehrgenerationenansatz aus, der skriptbildend wirkt. Die mexikanische Transaktionsanalytikerin Gloria Noriega hat dies in einem Forschungsprojekt für das Thema Koabhängigkeit aufgegriffen (Noriega 2004). Die dabei angenommene Gleichgewichtstendenz von Familien- bzw. Sippensystemen über Generationen hinweg geht davon aus, dass immer wieder bestimmte Rollen zu besetzen sind. Wenn in einer Familie ein Unrecht geschehen ist, z. B. eine Person ausgestoßen wurde, kann ein Kind unbewusst die Rolle dieser Person übernehmen, vielleicht mit dem unbewussten Ziel, das Unrecht wiedergutzumachen. Menschen sind eine phylogenetische Frühgeburt, die auf die gelebte Liebe und Hilfe anderer Menschen angewiesen ist. Wenn das Kind diese Liebe nicht so einfach bekommt, wird es alles tun, was ihm die maximale Zuwendung sichert. Dieser Zusammenhang wird auch in der Mentalisierungsforschung in der Metapher des »ersten Blicks« aufgenommen. Das Lebensskript wird allgemein als sehr beständig angenommen. Vor allem Versuche, das Gegenteil in einer Art Gegenskript zu leben (»antiscript«: »Ich mach das Gegenteil dessen, was meine Eltern machen!«), sind nicht erfolgversprechend (James u. Jongeward 1974, S. 111). Für das Skript sind intelligente Lösungen und Alternativen erforderlich. Hierin liegt die positive Weiterentwicklung eines Menschen – dass er sich der bisher unbewusst lenkenden Skriptanteile bewusst wird und gleichzeitig sorgsam mit den eigenen früheren Lebensprägungen umgeht und für heute angemessene autonome Reaktionen bildet. Die Skriptmatrix ist eine Landkarte, die das Zustandekommen von Einflussfaktoren des Skripts beschreibt. Aus den entsprechenden Ich-Zustands-Systemen (Eltern-Ich = EL; Erwachsenen-Ich = ER; Kind-Ich = K) von Vater und Mutter werden Impulse für die Skriptkreation des Kindes gesendet. Und zwar werden die sogenannten Einschärfungen, unter denen man aus dem emotional und selbst früh entschiedenen Teil der Eltern kommende Impulse versteht, als sehr wesentlicher Impuls gesehen. Dies kann die emotionale Tönung sein, die ein Elternteil in die Beziehung bringt (»Die Mama ist immer etwas depressiv«), oder auch bei Zuschreibungen (»Du bist leider so ein Tollpatsch«) mit entsprechendem Nachdruck. Atmosphärische Übermittlungen und auch Zuschreibungen können natürlich bei den Elternteilen auch sehr variieren, was unter Umständen später zu wechselnden Selbstbildern führt. Eine interessante Ebene des Skripts, die später als die frühen Einschärfungen angeboten wird, sind sogenannte Antreiber, auch Gegenskriptbotschaften genannt. Sie geben Ratschläge, wie man sich bei empfundenen Stress- und Unbehaglichkeitssituationen verhalten soll (siehe dazu auch Kap. 2.6.4). Zusammenfassend lassen sich systemisch drei Perspektiven des Skriptes festhalten: charakteristische Lebensthemen, Gewohnheitsmuster, Notprogramm.

Charakteristische Lebensthemen: Das Skript enthält unsere persönlichen Schlussfolgerungen zu Lebensherausforderungen, die wir als Kind hatten, und gravierenden Erfahrungen, die später dazukommen. Dies können besondere Ressourcen, aber auch Einschränkungen sein, in einer Weise ein deutlich positiver Ressourcenpool, wie ihn Fanita English in ihrem umfassenden Skriptbegriff und Bernd Schmid (2003) mit seinem Konzept der seelischen Leitbilder postuliert haben. Milton Erickson, der wohl beste praktische Psychotherapeut des 20. Jahrhunderts, hatte auf diesen Aspekt in seiner Arbeit mit Menschen immer wieder hingewiesen und Menschen bei ihren aktuellen Aufgaben im Erwachsenenleben auf die Kraft der schon gelösten Aufgaben zurückgeführt. Lankton, Lankton und Brown (1981) haben den ericksonschen Ansatz mit der TA verknüpft. Die grundlegende Sicht von uns selbst, von anderen und der Welt ist eine Spezialisierung im Sinne unserer individuellen Note. Insofern ist dem im Erwachsenenalter auf die Spur zu kommen, denn sie ist oft vorbewusst bis unbewusst. »Vorbewusst« meint, dass sie relativ schnell in die bewusste Aufmerksamkeit kommen kann. »Unbewusst« meint, dass es zum Teil ein intensiverer Prozess sein kann, die Skriptressourcen freizulegen.

Gewohnheitsmuster: Das Skript lässt sich als eine Art innere Gewohnheitswirklichkeit betrachten. Es dient als unbewusster Filter der Wahrnehmung von Situationen. Der Wahrnehmungsapparat ist schon ein Bewertungsapparat. Wir erleben aufgrund gelernter Bewertungs-Gefühls-Kombinationen, Lieblings- oder Ersatzgefühle (»Rackets«, wie sie in der Transaktionsanalyse auch genannt werden). Zum Teil begeben wir uns nur noch in die Situationen hinein im Sinne unserer Gewohnheitsmuster, die uns vertraut sind, was nicht notwendigerweise gesund bedeutet. Diese Muster werden oft, wenn sie problematisch sind, auch »psychologische Spiele« genannt. Aber genauso kann man auch positive Muster beschreiben und trainieren. Eine interessante Konkretisierung der Skriptmanifestationen ist die »Drei-Geschichten-Methode« nach Fanita English. Hier wird nach dem Grundsatz »Man liest, was man ist« nach dem Lieblingsmärchen, das man als Kind hatte, nach dem Lieblingsbuch, das man als Jugendlicher hatte, und einem beeindruckenden Film aus den letzten drei Jahren gefragt.

Notprogramm: Jedes Skript enthält auch die Entscheidung für das Verhalten in Not- und Stresssituationen (Mohr 2010). Dieser Skriptbegriff ist der eher traditionelle, in der klinisch-transaktionsanalytischen Tradition verwendete, im Sinne der schlecht angepassten Haltung für aktuelle Hier-und-jetzt-Erfordernisse. Das Notprogramm ist häufig mit rigiden Einstellungen und unflexiblen Handlungsweisen verbunden. So schützt man sich und seine Bedürfnisse gegen Überlastung. Man nutzt das, was man dazu schon früh gelernt hat, so, als ob nur das zur Verfügung stehen würde, was der Möglichkeitswelt des Kleinkindes entspricht. Es erzeugt zuweilen unangenehme Gefühle. »Ich merke, ich gehe ins Skript« hört man dann transaktionsanalytisch geschulte Leute sagen. In Stresssituationen machen sich Menschen handlungsunfähig, indem sie die einfachen Aktivitäten, wie in Gemeinschaft zu gehen oder sich trösten zu lassen, nicht mehr nutzen. Steiner (1984) geht davon aus, dass »banal scripts« die Regel sind, dramatische Skripte in der Minderheit, dass es aber auch skriptfreie Menschen gibt, die ihre Lebensentscheidungen später und autonom getroffen haben. Der theoretisch konsistentere Ansatz ist, bei jedem ein Skript anzunehmen. Die Grundbedürfnisse nach Berne und die Triebkräfte nach English werden in der

Stresssituation nicht mehr angemessen zu erfüllen gesucht. In der klinischen Praxis wurden auch sogenannte Notausgänge betrachtet, extreme Verhaltensweisen, mit dem Leben umzugehen (Suizid, Mord, Verrücktwerden). Interessant ist hier, dass selbst beim Notausgang-Suizid gilt: Kein Mensch will sich beispielsweise als Körper umbringen. Es geht dann »lediglich« um das Nicht-mehr-ertragen-Können eines bestimmten Bildes von sich, eines mächtigen Skripts, das man befürchtet. Der Mensch hat dann den Zugang zu seiner eigentlichen Quelle verloren und wird nur von einschränkenden Skriptbildern beeinflusst.

Thema	Negative Einschärfung	Erlaubnis
Existenz	Sei nicht!	Du bist willkommen. Wir freuen uns, dass es dich gibt.
Eigenart	Sei nicht du selbst!	Du darfst deine Eigenart haben.
Zugehörigkeit	Gehöre nicht dazu!	Du gehörst zu uns.
Geschlechts-identität	Sei kein Mädchen! Sei kein Junge!	Du darfst ein Junge/ein Mädchen sein. Wir freuen uns über dich.
Kindsein	Sei kein Kind!	Du darfst Kind sein.
Erwachsen-werden	Werde nicht erwachsen!	Du darfst erwachsen werden.
Gesundheit	Sei nicht gesund!	Du darfst gesund sein.
Fühlen	Fühle nicht!	Du darfst Gefühle haben und sie zeigen und äußern.
Denken	Denke nicht!	Du darfst denken und Lösungen finden.
Handeln	Tu nichts!	Du darfst handeln und Dinge umsetzen.
Bedeutung	Sei nicht wichtig!	Du bist wichtig.
Nähe	Sei nicht nahe!	Du darfst Nähe leben und genießen.
Erfolg	Schaff's nicht!	Du darfst erfolgreich sein. Habe Erfolg mit dem, was du tust.

Tab. 1: Grundthemen für Skriptbotschaften und Skriptentscheidungen (nach Robert und Mary Goulding 2005)

2.2.3 Aufmerksamkeitsebenen – Aufmerksamkeit und Achtsamkeit

Persönlichkeitsentwicklung ist systemisch eine Frage der Steuerung der Aufmerksamkeit (Mohr 2006). Aufmerksamkeit ist die Grundeinheit der Lenkung der mentalen und aktionsbezogenen Kräfte des Menschen. Dort, wo die Aufmerksamkeit hingelenkt wird, findet die Welt für einen Menschen statt. Der Mensch *ist* Aufmerksamkeit, vom ersten Augenblick seines Lebens an. Aufmerksamkeit ist das kostbarste Gut des Menschen (Schmid 2007). Aufmerksamkeit war da, bevor sie uns bewusst wurde. Wir beginnen unser Leben in einer gemeinsamen Aufmerksamkeit, meist mit der Mutter, und sind sogar einige Jahre absolut von der Aufmerksamkeit anderer abhängig. Achtsamkeit ist dann das Gewahrwerden der Aufmerksamkeit ohne Wertung bei gleichzeitig gutem und sinnvollen Steuern. Steuern bedeutet ein Einladen zu und Schaffen von Bedingungen, die Achtsamkeit ermöglichen.

Abb. 5: Die Treppe der Aufmerksamkeit (Quelle: Mohr 2013)

Die Ebenen auf der Treppe der Aufmerksamkeit lassen sich von unten nach oben gut erläutern, da sie sich in der menschlichen Entwicklung normalerweise in dieser Reihenfolge zunehmend offenbaren und die Bewusstseinsperspektive stetig erweitern (Mohr 2013). Das Körperliche ist entwicklungspsychologisch die erste Wahrnehmung im Leben eines Menschen. Dieses Bewusstsein bleibt in der Regel das ganze Leben lang erhalten. Vielleicht unterscheiden wir zunächst nur kalt und warm, schmerzhaft und schmerzlos, hungrig und satt. Das körperliche Bewusstsein differenziert sich weiter aus und begleitet uns unser ganzes Leben.

Körperliche Aufmerksamkeit: aufwachsen, Ernährung, körperliches Befinden, Krankheiten, Schmerzen, Sport, Altern …

Der Körper ist als biologische Grundlage des menschlichen Lebens wesentlich für Aufmerksamkeit. Die gesamte Art und Weise, wie die Spezies Mensch ihre Welt erfasst, ist durch ihre spezifischen Sinnesorgane und die typische Informationsverarbeitung des Gehirns, beides körperliche Bedingungen, bestimmt. Die Welt existiert in dieser Form nur für uns Menschen.

Emotionale Aufmerksamkeit: Differenzierung der Gefühle, Stimmungen aus persönlichen, biografischen Erlebnissen, aktuelle Gefühlsreaktionen …

Als Zweites folgt die emotionale Aufmerksamkeit, die Gefühle. Aus der anfänglich noch von der körperlichen Verfassung bestimmten Einordnung »angenehm« und »unangenehm« differenziert sich die weitere Aufmerksamkeitsebene, die der Gefühle wie Freude, Trauer und Ärger, heraus. Einzelne davon werden uns mehr vertraut als andere. Dies macht bald einen Teil des Typischen im Ausdruck des jeweiligen Menschen aus.

Denkerische Aufmerksamkeit: Logik und Regeln, Rollenebene, Auftreten auf den Alltagsbühnen des Lebens wie Beruf, Partnerschaft oder Erziehung nach ihren jeweiligen Spielregeln …

Mit der Sprache entwickelt sich denkerische, zunehmend rationale Kompetenz. Denken ist dann die Verknüpfung einzelner Ereignisse und Aspekte miteinander. Das Verbinden gemachter Erfahrungen mit aktuell anstehenden Aufgaben bildet den Kern dieser Aufmerksamkeitsebene.

Ich-Konstrukt-Aufmerksamkeit: Selbstbild, Persönlichkeitsausdruck, Bezugsrahmen, Lebensskript …

Durch wachsende Erfahrung mit sich selbst und daraus, wie andere auf den kleinen Menschen reagieren, zieht er bald Schlussfolgerungen über das Leben. Der Ich-Gedanke ist die große Zäsur. Die Eltern freuen sich, wenn das Kind nicht mehr in der dritten Person von sich spricht, sondern »Ich« sagt. Der kleine Mensch macht sich einen fundamentalen Reim auf die Welt, auf alles, was er erlebt. Das Lebensskript (Berne 1975) könnte man als eine erste Ich-Konstrukt-Landkarte bezeichnen. Das Ich-Konstrukt befriedigt das Strukturbedürfnis des Menschen, bleibt aber ein Provisorium, das später achtsame Überprüfung braucht.

Transgenerationale Aufmerksamkeit: aus der eigenen Sippe, der Kultur, der Familie übernommene Aufträge im Leben, Archetypen, Bezug zu früheren Generationen und nachfolgenden (Kindern, Enkeln) …

Die nächste Aufmerksamkeitsebene geht über das eigene Ich hinaus, ist die transgenerationale Ebene. Jeder Mensch ist ein Teil einer Generationenfolge. Sie enthüllt sich einem Menschen erst bewusst, wenn er sich aktiv mit ihr beschäftigt. Das Interesse, die Achtsamkeit für diese Ebene kommt den meisten erst in der zweiten Lebenshälfte. Natürlich ist sie von Anfang an virulent, weil die Eltern und andere Familienangehörige sie verkörpern und vermitteln. Sie ist aber meist unterschwellig von Beginn an wirksam und besteht aus tieferen Prägungselementen aus der eigenen Familie, der Sippe (Weber 1994), dem Milieu (Schmid 2010) sowie der Kultur, wie die indische Wissenschaftlerin Pearl Drego und der italienische Arzt Marco Mazzetti belegen (Drego 2005; Mazzetti 2010). In asiatischen Ländern wird dieses Bewusstsein noch um ein Element ergänzt, das über Familie, Sippe und Kultur hinausgeht: den Glauben an die Reinkarnation (Govinda 2007; Ricard 2009).

Reinkarnation ist etwa in Indien ein ganz selbstverständlicher Bestandteil des kollektiven und individuellen Bewusstseins. Konfrontiert mit den Zweifeln der westlichen Welt, findet Tendzin Gyatsho, der 14. Dalai-Lama, allerdings genauso viele Belege für die Reinkarnation, wie er Argumente gegen die Existenz dieses Phänomens sieht (Tendzin Gyatsho, 2009).

Nonduale Aufmerksamkeit: Erfahren der Verbindung von Einheit mit allem, Erfahren der »Leerheit« aller Formen …

Die oberste Treppenstufe ist die nonduale Aufmerksamkeit. »Nondual« heißt »nicht zwei« und ist die Aufmerksamkeitsstufe, auf der man die Welt als verbunden, nicht mehr als in irgendwelche Kategorien getrennt erlebt. Sie zeigt sich Menschen in Meditation, in Tiefenentspannung, nach intensiver körperlicher Betätigung, durch die Wirkung von Musik, durch die Wirkung einer Landschaft oder eines Gebäudes, in mancher Alltagsversunkenheit im Tagtraum oder im Gebet. Normalerweise führen die Menschen sie auf das Äußere zurück. Es ist aber nicht das Äußere, was uns ergreift, sondern das, was in dem Moment innen zur Resonanz kommt. Der Begriff »nondual« vermeidet das Wort »spirituell«, das explizit oder implizit mit bestimmten Religionsvorstellungen assoziiert wird. Denn es geht um eine erfahrbare Ebene und nicht um die Glaubenskonstrukte (oder Denkkonstrukte) von Religionen. Der Weisheitslehrer Williges Jäger (2010) sieht im Nondualen den übergreifenden, essenziellen Bezug zum großen Ganzen, den alle Weisheitslehren und Religionen auch enthalten. So zeigt die nonduale Erfahrungsebene, worum sich alle Weisheitslehren bemüht haben, die, die auf einem Gott aufbauen, die, die ohne ihn auskommen, und sogar die, für die er tot ist (z. B. Nietzsche), was aber hieße, dass er schon mal gelebt haben müsste. Pragmatisch kann man im erfahrbaren Teil des Nondualen auch die Verbindung zum Strom des Lebens insgesamt sehen, wie in *Coaching und Selbstcoaching* (Mohr 2008) beschrieben. Ohne die Einbeziehung der nondualen Aufmerksamkeit gibt es keine Achtsamkeit und keine innere Ruhe. Diese Ebene ist aber zugegebenermaßen nicht so leicht zu beschreiben, weil sie jenseits der Formenwahrnehmung liegt und eher durch längere Übung – etwa in der Meditation – zum Vorschein kommt. Jede Beschreibung stellt bereits eine Form dar, lässt ein inneres Bild entstehen. Sie zeigt sich auch im Alltagsleben, aber nicht so laut wie anderes, sondern eher als zarte Regung und wird dadurch oft nicht bemerkt.

Aus den drei exemplarisch vorgestellten Landkarten zur Persönlichkeit (Ich-Zustände, Skripte, Aufmerksamkeitsstufen) lassen sich in der systemischen Transaktionsanalyse viele Interventionswege für Beratung und Therapie ableiten.

2.3 Beziehung und Kommunikation

Die dritte große systemische Perspektive auf eine psychologische Methode ist die Frage, wie sie Beziehung und Kommunikation betrachtet. Hier sehen viele von außerhalb der TA den Schwerpunkt der Transaktionsanalyse. Und wie in der Metatheorie 1 beschrieben, liegen sie hier nicht falsch. Das Wort »Transaktion« enthält schon den Begegnungsaspekt. Kommunikationen sind die Mikroeinheiten der Beziehungspflege. Was »strahlt« der eine Kommunikationspartner aus, und was gibt der andere zurück? TA stellt Landkarten für das »neutrale« Funktionieren von Beziehung in den Transaktionen genauso wie für problematische Beziehungssituationen in der Spieletheorie und dem Symbiosekonzept zur Verfügung.

Transaktionen im engeren Sinne: Die Transaktion ist die Begegnung zwischen zwei Menschen und beinhaltet nonverbale Momente sowie Ausgesprochenes. Beziehungen bestehen aus einem Fluss von Transaktionen. Eine Transaktion ist definiert als ein Austausch (Stimulus und Reaktion) zwischen Personen. Sie wird oft als Austausch zwischen den Ausdrucksfiguren der Ich-Zustände betrachtet. Je nachdem, ob der adressierte Ich-Zustand antwortet oder nicht, gibt es sehr unterschiedliche Formen, die komplementär (der adressierte Ich-Zustand antwortet), über Kreuz (ein anderer als der adressierte antwortet) oder doppelbödig (es gibt eine offene und eine verdeckte

Ebene) wirken können. Somit entspricht die Transaktionsanalyse der modernen Definition von Gunther Schmidt (2004): Kommunikation als Einladungen, die Aufmerksamkeit auf bestimmte Punkte zu richten. Die TA hat Kommunikationsregeln entwickelt: Solange die Transaktionen parallel verlaufen, kann die Kommunikation unbegrenzt weitergehen. Die Überkreuztransaktion bedeutet eine Störung in der Kommunikation; soll sie wieder »glatt« ablaufen, müssen einer oder beide Gesprächspartner den Ich-Zustand wechseln. Bei der doppelbödigen Transaktion fällt die Entscheidung über das weitere Verhalten durch die verdeckte, nicht durch die offene Ebene. Kommunikation besitzt einen hohen Anteil an unbewussten Prozessen, sodass die Suggestion einer quasitechnischen Sender-Empfänger-Beziehung falsch ist. Transaktion und Begegnung sind etwas Ganzheitliches. Immer sind alle Ich-Zustände beteiligt, allerdings in unterschiedlichem Ausmaß. Zudem hängt dieses Ausmaß auch wieder ganz zentral vom Rezipienten der Kommunikation ab. 80 % der beteiligten Nervenzellen beim »Empfänger« kommen nicht über die äußeren Sinnesorgane, sondern von innen. Kommunikation ist also ein Sich-gemeinsam-in-einem-Kontext-Aufhalten, und mit Glück begegnet man sich. Qualitativ kann man Resonanztransaktionen von nicht resonanzerzeugenden Transaktionen unterscheiden (Mohr 2019). Bei Resonanz (Rosa 2016) liegt eine klare emotionale, intrinsische, selbstwirksamkeitermöglichende und mindestens leicht verändernde Reaktion vor.

Psychologische Spieltheorie: Eine sehr interessante Landkarte für die Beziehungsanalyse ist die der psychologischen Spiele. Berne war fasziniert von der mathematischen Spieltheorie und beschrieb als psychologische Spiele regelhafte Abläufe zwischen Menschen. Spiele sind Inszenierungsstücke des Skripts. In Stresssituationen treten die problematischen Teile auf, aber auch manchmal als ständige Gewohnheitsmuster. Sie sind durch einseitige Reaktion oder Mangel an Optionen gekennzeichnet.

> »Ein Spiel besteht aus einer fortlaufenden Folge verdeckter komplementärer Transaktionen, die zu einem ganz bestimmten, voraussagbaren Ergebnis führen« (Berne 1964, dt. 1970, S. 57).

Nach James und Jongeward (1974, S. 52) haben Spiele drei Merkmale:

- eine fortlaufende Folge von Komplementärtransaktionen, die auf der gesellschaftlichen Ebene plausibel sind,
- eine verdeckte Transaktion, die die zugrunde liegende Mitteilung des Spiels enthält,
- ein vorauszusehendes Resultat, das das Spiel beendet und Zweck des Spielens ist.

Spiele enden in der Regel mit unangenehmen Gefühlen, weil in Spielen die drei Rollen des Dramadreiecks besetzt werden: Verfolger, Retter und Opfer (Karpman 1968). Ulrich Dehner hat besonders noch kontextbezogene »Bürospiele«, also »Spiele« in Organisationen, betrachtet (2001). Ähnlich den Spielen wirken sogenannte Ersatzmuster, »Rackets«. Frühmann (1978, S. 374) sagt dazu:

> »Im Racket geht es um Ersatzgefühle, hinter denen ein wirkliches Gefühl steht, das in der frühen Kindheit nicht erlaubt oder abgewertet wurde.«

Jemand zeigt zum Beispiel Ärger, wenn eigentlich Angst angesagt ist. Marshall Rosenberg (2003) hat in seiner gewaltfreien Kommunikation diese Idee in der Unterscheidung von Primär- und Sekundärgefühlen aufgegriffen. Der Unterschied zwischen Racket und Spiel besteht darin, dass bei einem Racket die Ich-Zustände nicht gewechselt werden, also nicht jemand vom Opfer zum Verfolger »switcht«, sondern in »seinem« Racketgefühl (Ärger, Angst, Trauer ...) verharrt.

Symbiose – Verschiebung von Verantwortung: Mit der Metapher »Symbiose« werden in der Transaktionsanalyse ungute Beziehungskonstellationen bezeichnet, in denen einer eine Verantwortung, die er eigentlich hat, an jemand anderen abgibt. Diese Position wird die »Unterverantwortliche« genannt. Der, der für einen anderen etwas übernimmt, was der eigentlich verantworten müsste, wird »überverantwortlich« genannt. Beide brauchen diese abhängigen Beziehungsstrukturen. Im Ich-Zustands-Modell wird das so gezeichnet, dass einer einen Ich-Zustand nicht lebt, z. B. das Kind-Ich oder das Eltern-Ich, und der andere dann ausschließlich. Dann verhalten sich zwei Menschen bezüglich ihrer Ich-Zustände so, als ob sie nur zusammen eine gesamte Persönlichkeit mit allen Teilpersönlichkeiten bildeten. Viele Ehen, aber auch Arbeitsbeziehungen »funktionieren« nach diesem Prinzip. Verantwortung wird verschoben. Die symbiotische Tendenz wird durch »Abwertung« aufrechterhalten. Abwertungen sind Ausblendungen und Wahrnehmungsverzerrungen. Je weniger ein Mensch wahrnimmt, je mehr er ausblendet und entwertet (z. B. durch Abspaltung, Dissoziation), desto wahrscheinlicher ist eine schwere Störung. Zielrichtung ist ein Vorhandensein aller Ich-Zustände im Sinne von Werten, Vernunft und Fühlen. Meist ist bezüglich der Ich-Zustände die wesentliche Veränderungsperspektive die Stärkung des Erwachsenen-Ich. Beispielsweise alle Beratungssettings, die Krisenintervention beinhalten, zielen, transaktionsanalytisch gesprochen, die Stärkung des Erwachsenen-Ich an.

Drei Landkarten geben also gute systemische Perspektiven für Hypothesen zu Beziehungen: Transaktionen, Spiele, Symbiose. Auch hier gilt, es gibt diese Formen nicht an sich: Sie sind brauchbare Konstrukte, damit Hypothesen für bestimmte Klientensituationen abgeleitet werden können.

2.4 Wirklichkeit und Systembezug

Der vierte Bereich der integrierten Professionalität umfasst eine originär systemische Perspektive, den Einflusses von Umfeld und Kontext auf Menschen. Hier hat die TA eine systemische Tradition insbesondere bei Schiff et al. (1975). Das Umfeld, in dem jemand lebt, und vor allem der Kontext, in dem jemand aufgewachsen ist, bestimmen seine Weltsicht. Im Wahrnehmungsprozess sind nur 20 % der Nervenzellen auf das äußere, dagegen 80 % auf das innere Gespeicherte gerichtet. Ob die mangelnden Schulerfolge von Unterschichtkindern oder die Ordnung, die Menschen um sich erleben – immer ist der aktuelle Kontext wesentlich für das Deutungsmuster, welches das Denken und Handeln bestimmt (Mohr 2008). Der aktuelle Kontext wird in der systemischen Transaktionsanalyse im Vergleich zum entwicklungspsychologischen Kontext eindeutig höher gewertet als in der traditionellen TA, die sehr stark noch durch das Erbe der Psychoanalyse geprägt ist. Ein Beispiel für die Auswirkung von Kontextfaktoren und ihre Gestaltung: Sobald in einer Firma zwei Abteilungen definiert werden, nennen wir sie einfach Apachen und Komantschen, entsteht sehr schnell eine Konkurrenz, Gegnerschaft, nicht selten auch Feindschaft bis hin zum Krieg. Jeder Zusammenschluss ist immer auch ein Ausschluss anderer. Kontexte lassen Wirklichkeit entstehen. Seit der »systemischen Wende« (etwa 1980) haben alle professionellen Veränderungsmodelle zwei Aspekte integriert: die Vernetzung jedes einzelnen Menschen in mannigfaltigen Systembezügen (Familie, Firma, Heimatregion ...) sowie der Versuch jedes einzelnen Menschen, aus dem Selbsterhalt heraus sich ein Modell von der Welt, den anderen und sich selbst zu konstruieren. Den ersten Aspekt hat die Transaktionsanalyse durch ihre letztlich internalisierten Bilder erlebter Beziehungskonstellationen (Eltern-Ich, Kind-Ich, Skript) sowie durch das In-Szene-Setzen dieser Muster durch Transaktionen und psychologische Spiele schon von Anfang an beschrieben. TA ist also per se systemisch.

Der Bezugsrahmen: Den Aspekt des Konstruktivismus bringt TA durch das Modell von Schiff et al. (1975) schon sehr früh zur Geltung. Der allgemeine Bezugsrahmen ist die aktuelle Sicht, die ein Mensch von sich, von anderen und von der Welt hat. Interessant sind dann spezielle Bezugsrahmen, die

Menschen zu allen möglichen Fragen des Lebens haben, z. B. zum Lernen, zur Erziehung, zu Führung, zu Politik etc. Diese Einstellungssysteme hinsichtlich bestimmter Fragestellungen sind äußerst wichtig für die Bezugnahme auf diese Frage. Die Sicht, die ich vom Lernen habe, bestimmt auch mein Lernverhalten. Denke ich etwa, dass man mit 18 Jahren ausgelernt hat, ergibt sich ein anderes Verhalten, als wenn ich der Idee lebenslangen Lernens anhänge. Der Bezugsrahmen an sich ist schon ein konstruktivistisches Konzept, das von Schiff at al. (1975) in die Transaktionsanalyse eingeführt wurde. Die Autoren symbolisierten ihn als eine Haut um die Ich-Zustände.

Wertung und Abwertung: Schiff et al. (1975) und Schmid (1994, 2003) beschrieben, wie der Bezugsrahmen immer wieder konstruiert und aufrechterhalten wird. Welche Aspekte der Wirklichkeit werden gewertet, welche ausgeblendet? Worauf richtet sich die selektive Wahrnehmung (Schmid 1994)? Wurden diese inneren Muster bei Schiff (1975, S. 19 ff.) noch als pathologische Reaktionen und Denkstörungen angesehen, nimmt die systemische Sichtweise Prozesse der Konstruktion von subjektiver Wirklichkeit an. Für Problemlöseprozesse eignet sich ein vierstufiger Konstruktionsprozess. Abwertung ist am extremsten, wenn sie sich auf die Existenz eines Phänomens bezieht (»Da ist nichts«). Dann die Bedeutung eines Reizes, eines Problems, einer Variante. Als dritte Stufe ist die generelle Lösbarkeit zu betrachten. Erst auf vierter Ebene geht es um die persönliche Lösbarkeit. Wie die zu erreichen ist, betrachtet die unten folgende, die fünfte Perspektive, die für jede psychologische Anwendungsmethode wichtig ist.

Aktivität und Passivität: Wertung und Abwertung sind kognitive Prozesse, haben allerdings eindeutige Verhaltenskonsequenzen. In der Regel schafft das Missachten von Aspekten der relevanten Wirklichkeit eher passive, das heißt nicht lösungsorientierte Verhaltensweisen. Das Realisieren oder sogar Wertschätzen von Wirklichkeit unterstützt Lösungsorientierung. Dies bedeutet in vielen Fällen Aktivität, sogar Proaktivität, manchmal allerdings auch eine ruhige Akzeptanz von

Situationen. Akzeptanz ist dabei im Sinne des Resilienzfaktors zu verstehen, was bedeutet, dass man Unveränderbares hinnimmt, aber nicht in Resignation, sondern in konstruktivem Neubezug auf Lebensthemen (Mohr 2017; Heller 2019). Das sprichwörtliche »Change it, love it or leave it« bietet auch hier die Alternativen. Systemisch wird hier deutlich, wie der innerpsychische Mechanismus mit dem äußeren Verhalten zusammenhängt.

2.5 Entwicklung und Veränderung

Die fünfte systemische Perspektive eines psychologischen Modells ist, wie dieses Verfahren sich Entwicklung und Veränderung vorstellt. »Entwicklung« soll hier als normaler Verlauf verstanden werden, wenn etwas in einer erwarteten Richtung weitergeht. »Veränderung« sei ein Einschnitt in das, was bisher war. Veränderungen werden oft von außen angestoßen, zum Teil aufgezwungen. Ein plötzlich notwendiger Personalabbau ist eine völlig andere Situation als das altersbedingte Ausscheiden von Arbeitnehmern aus einem Unternehmen. Das erste ist Veränderung, das zweite Entwicklung, auf die man sich einstellen kann. Man kann sagen, für den altersbedingt Ausscheidenden ist der Übergang in die Rente ebenso oft eine Veränderung. Aber es ist eigentlich eine Entwicklung, die bekannt, absehbar und vorzubereiten war. Viele Menschen machen aus Entwicklungen eine Veränderungssituation. Dies hat mit Abwertung oder allgemein Wertung zu tun.

Veränderung auf Ich-Zustands-Ebene: Zunächst kann man die Landkarte der Ich-Zustands-Theorie anwenden. Entwicklung ist zunächst als die Entwicklung neuer Ich-Zustände zu betrachten. Dazu gilt es, für eine Situation oder ein bisheriges Reaktionsmuster ein neues zu etablieren.

Der neu zu entwickelnde Ich-Zustand steht allerdings in Konkurrenz zu den schon etablierten Ich-Zustands-Mustern der Eigenentwicklung (Archeopsyche) und der Modelle von außen (Exteropsyche). Nutzt man das Ausdrucks-(Funktions-)

Ein neuer Ich-Zustand

Beschreibe eine Reaktion von dir, die du ändern möchtest:

Fühlen:		*Denken:*
....		....
....		....
....		....
Verhalten:		*Körper:*
....		....
....		....
....		....

Beschreibe die Reaktion von dir, die du dir wünschst:

Fühlen:		*Denken:*
....		....
....		....
....		....
Verhalten:		*Körper:*
....		....
....		....
....		....

Abb. 6: Verhalten – Denken – Fühlen – Körper (Quelle: Mohr 2010)

Modell als Perspektive, so strebt die TA zu den »Fabulous Five«: strukturierend, unterstützend, wertschätzend, kooperativ und lebendig zu sein.

> »Bei einer gesunden Person gilt: Die Ich-Zustände sind klar gegeneinander abgegrenzt. Die Klientin hat freien Zugang zu ihren Ich-Zuständen. Das Erwachsenen-Ich filtert das Verhalten« (Petersen 1980, S. 270).

Veränderung auf Transaktions- und Spielebene: Auf Transaktionsebene ist positive Entwicklung eindeutig eine Zunahme der Resonanztransaktionen. Die Landkarte der Spielanalyse lässt sich bei fast allen Konfliktsituationen anwenden. Auch in Beratung und Therapie gibt es die Versuchung, »Spiele zu spielen«, d. h. den Berater zu Kommunikationsmustern mit verdeckter Ebene einzuladen, ohne dass es bewusst ist. Das ist einerseits eine willkommene Chance, auf die Strukturen aufmerksam zu werden, andererseits aber auch eine Gefahr. Denn ein Berater, der sich über seine eigenen Spiele nicht im Klaren ist, wird leicht zum Mit»spieler«: Z. B. ist er im Eltern-Ich als Retter und hält möglicherweise ein Spiel lange aufrecht. Einen Klienten, der immer das Spiel spielt, dass ihm keiner helfen kann, wird er fragen: »Wie ist es für dich, dass dir niemand helfen kann?« Er wird vielleicht auf eine Trauer und den Wunsch des Klienten stoßen, dass die »Großen« ihm helfen sollen. Jetzt lässt sich die aktuelle – unbewusst motivierte – Verhaltensweise mit der Realität vergleichen und eventuell auflösen. Sie hatte vielleicht in der Lebensgeschichte einen wichtigen Platz, ist aber heute eine Einschränkung. So muss gefragt werden, welches die immer noch aufrechterhaltene »alte« Entscheidung ist, die das jetzige Problem verursacht.

Transaktionsanalytische Beratung und Therapie hat erlebnisorientierte und kognitive Komponenten. Deshalb lässt sich das Aufspüren des zugrunde liegenden Gefühls auch durch Techniken aus Konzepten der Gestaltarbeit (James u. Jongeward 1974; English 1976a, b) unterstützen. Das Erkennen und Unterbrechen von Spielen hilft, die negativen Endgefühle der inszenierten Spiele zu vermeiden, die ein negatives Selbstbild aufrechterhalten.

Veränderung im Skriptmodell: Die »Grunderzählung«, das Narrativ, das ein Mensch über sein Leben macht, ist die zentrale Zielmarge der Transaktionsanalyse. Berne beschreibt als generelles Ziel von Entwicklung »Autonomie« als Bewusstheit, Spontaneität und Intimität. Diese Begriffe sind für die heutige Praxis mit Bewusstheit und Achtsamkeit, einer gewissen Flexibilität in den Reaktionen und einer guten Bezogenheit auf andere Menschen zu übersetzen. Traditionell war das Ziel die

Autonomie »von etwas«, beispielsweise von unangemessenen Einschränkungen, die auf elterliche Botschaften zurückgeführt wurde. Dies hat etwas von »Psychoanalyse light«. Moderne systemische TA schaut eher auf die Autonomie »zu etwas«: Wie kann ein Mensch sich auf eine nächste Wegstrecke beziehen? Was braucht er dafür? Das Schauen in den Rückspiegel ist dabei nicht verkehrt, aber auch nicht zwingend. Dennoch: Transaktionsanalyse steht für so viel Bewusstheit wie möglich, beinhaltet beispielsweise, sich der Transaktionen, die man vornimmt, bewusst zu werden. Man soll seine früheren Skriptentscheidungen erkennen und ändern, um mit einem positiven Selbstgefühl durchs Leben zu gehen. Der achtsam an der inneren und äußeren Realität orientierte Mensch sollte die Ich-o.k.-du-o.k.-Grundeinstellung einnehmen können. Er sollte affektiv Zugang zu seinen Gefühlen haben, kognitiv wissen, was er will, und auf der Verhaltensebene auf »faire Weise« seine Bedürfnisse befriedigen. Eine gesunde Person »wird die Blumen riechen und die Vögel sehen« (Kahler [dt.] 1977,).

Veränderung des Bezugsrahmens: Auf der Ebene des Bezugsrahmens ist die Zielsetzung die Erweiterung der Sicht von Dingen. Bisherige rigide Bezugsrahmen werden flexibler. Manchmal geht es jedoch auch darum, erst einmal einen Bezugsrahmen zu etablieren, wenn bisher keine Position zu einem Phänomen vorhanden war. Als Beispiel kann man hier heute den Umgang mit E-Mails betrachten. Gerade in Konflikten tritt das Phänomen auf, dass für viele Menschen unklar ist, was eine E-Mail bedeutet. Sie ist eine schnelle, oft eine schnell »hinausgefeuerte« Antwort, gleichzeitig ein schriftliches Dokument, für das man sich früher sehr viel länger Zeit zum Anfertigen nahm. Hier ist ein neuer Bezugsrahmen zu dem in der Menschheitsgeschichte recht jungen Kommunikationsinstrument zu entwickeln. Bezugsrahmenerweiterung ist Arbeit auf der Einstellungsebene. In der Beratung gilt, erst einmal den Bezugsrahmen des Gegenübers kennenzulernen und zu erforschen. Oft wird dem Klienten dadurch sein eigener Bezugsrahmen erst deutlich, und er ändert ihn von selbst. Eine zweite

Veränderungsperspektive ist die Konfrontation des Bezugsrahmens, in dem der Berater deutlich seinen Bezugsrahmen dem des Klienten gegenüberstellt.

2.6 *Professionsmethoden*

Die sechste und letzte systemische Perspektive auf ein psychologisches Anwendungsverfahren ist die Frage, welche typischen Professionsmethoden ein Vertreter dieser Richtung zeigt. Wenn man in einen Raum kommt, in dem ein Transaktionsanalytiker arbeitet, was wird man sehen oder hören?

2.6.1 Beratungsvertrag

Ein zentrales Element transaktionsanalytischer Beratung und Therapie sind Vereinbarungen: wechselseitige Übereinkünfte (*mutual agreements*) in der TA »Verträge«/»Kontrakte« genannt. Ein Kontrakt ist nicht nur formal, sondern schon eine entscheidende beraterische Intervention, durch die dem Klienten Angst genommen und seine aktive Mitarbeit klar festgelegt wird. Zum Kontrakt gibt es ausführliche TA-Literatur (z. B. Mohr 2000, Kap. 2; Mautsch 2004; Sills 2006). Interessant ist, dass in der systemischen Szene nicht von »Vertrag«, sondern von »Auftragsklärung« gesprochen wird. Die Wortkonnotation von »Auftrag« ist anders als die von »Vertrag« oder »gegenseitiger Übereinkunft« und impliziert normalerweise ein Hierarchie- oder Erfüllungsverhältnis. In der Praxis, insbesondere wenn es um Dreiecksverträge mit einer Organisation, Teilnehmern und einem Berater geht, ist der Begriff »Auftrag« aufgrund der betriebswirtschaftlichen Logik des Auftraggebers oft durchaus recht rigide auf ein bestimmtes Ziel gerichtet. Die TA-Vorstellung im Sinne eines offenen, nur einen Weg beschreibenden Vorgehens (Berne: »a well defined action«), das auf Augenhöhe vereinbart wird, ist da meines Erachtens angemessener. Im Dreiecksvertrag (F. Englisch) sind die Anforderungen an Transparenz und Offenheit, aber auch die nötige Diskretion auf allen Seiten sehr wichtig. Für die systemische

Transaktionsanalyse sind auch Bernes drei Perspektiven »administrativ«, »professionell« und »psychologisch« (Berne 1961) hilfreich. Das Administrative umfasst die räumlichen, finanziellen und andere formalen Aspekte. Die professionelle Ebene bezieht sich auf die Vorgehensweise und einen möglichen Zielkorridor. Die psychologische Ebene sollte von einer offenen Erwachsenen-Ich-Beziehung getragen sein und keine von Anfang an erkennbaren verdeckten Ebenen enthalten.

2.6.2 Beratungstechniken

Berne hat zudem acht zentrale Beratungstechniken hervorgehoben, die sich in Beratung und Therapie hervorragend nutzen lassen:

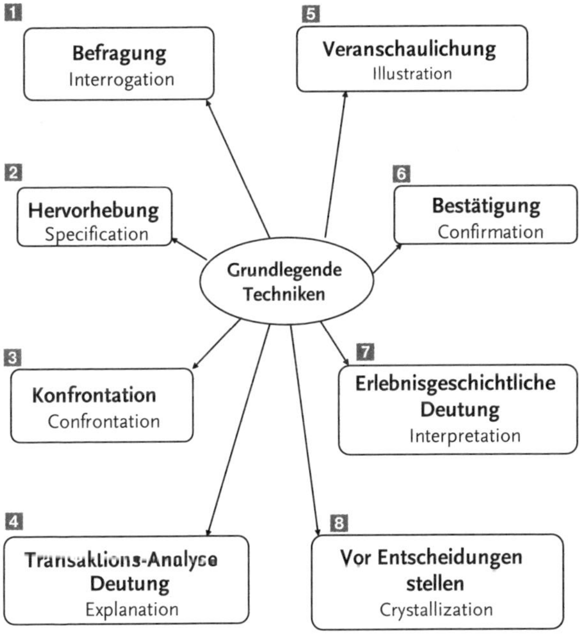

Abb. 7: Acht Interventionstechniken (Quelle: Mohr 2010, nach Berne 2005)

Diese Beratungstechniken sind flexibel einsetzbar, können aber auch eine gewisse Richtschnur für den Ablauf einer Beratungseinheit bilden. Befragung (»Was war unmittelbar vor der Traurigkeit?«), Hervorhebung (»Sie fühlten sich nicht wertgeschätzt«), Veranschaulichung (»Es wirkt auf mich wie eine Pflanze, die kein Wasser kriegt«), erlebnisgeschichtliche (biografische) Deutung (»Das scheint eine ähnliche Erfahrung wie in Ihrer Schulzeit zu sein«), Kristallisation (»Was genau folgt aus dem Ganzen für Sie?«) sind vertraute Interventionen auch in anderen Methoden. TA-spezifisch sind sicher die Konfrontation, die Konfirmation und die TA-gemäße Deutung. Konfrontation ist das Aufzeigen eines Widerspruches in der Reaktion des Klienten (»Einerseits haben sie dies vor, andererseits tun sie in der konkreten Situation dann etwas anderes«). Bei der TA-gemäßen bzw. -spezifischen Deutung werden TA-Konzepte herangezogen (»Kann es sein, dass sich hier Ihr Perfektheitsantreiber zeigt und Sie die Anforderungen übertreiben?«). Dies setzt Kenntnisse von Basiskonzepten voraus. Die psychoedukative Seite in Form des Vermittelns von TA-Basiskonzepten ist ein Teil von TA-Therapie oder -Beratung. Interessant ist noch die Konfirmation, nach Berne die Bestätigung von sich wiederholenden Mustern (»Hier scheint sich wieder die Seite von Ihnen zu zeigen, die Autoritäten gegenüber sprachlos wird«). Transaktionsanalytische Behandlung strebt die Identifikation von Mustern bei Menschen, also von häufig vorkommenden Reaktionen und ihre Überprüfung an (Mohr 2012b).

Skriptveränderung – Umentscheidung (redecision): Das persönlichkeitsorientierte Beratungsvorgehen richtet sich auf innere Muster und Bedingungen, die Einschränkungen produzieren oder Potenziale nicht wirksam werden lassen. Durch die Bewusstmachung dieser zum eigenen unbewussten inneren Narrativ gehörenden Anteile (»Ich habe sowieso kein Glück im Leben. Bei mir ist alles schwer erkämpft«) kann der Klient sein Verhalten ändern. Das Ziel ist eine bewusste Neuentscheidung hinsichtlich der skriptbezogenen Glaubenssätze (»Ich sorge jetzt mal dafür, dass ich es mir an konkreten Punkten leicht mache«). Hier verbinden sich verhaltensmodifikatorische mit tiefenpsychologischen Elementen. Die tiefenpsychologische Perspektive hat drei Phasen: Bewusstmachung der Einschränkungen und der früheren Entscheidungen, neue Entscheidungen, Integration der neuen Entscheidungen in das tägliche Leben des Klienten.

Gordon Hewitts Modell beschreibt hier noch genauer, wie wichtig die konkrete Umsetzung ist. Nach der Kontaktphase steht idealtypisch ein Kontrakt (Vertrag) an, in der darauffolgenden Inhaltsphase, die meist mit einem irgendwie gearteten Konflikt verbunden ist, wird eine Fokussierung im Sinne einer Entscheidung erarbeitet. Diese Neuentscheidung wird dann in der Folgezeit konsolidiert. Dies führt zu einer Integration des Neuen. Als letzte Phase folgt eine Konklusionsphase, in der über weitergehende Schlussfolgerungen gesprochen wird und über einen gegebenenfalls neuen Vertrag für ein weiteres Thema. Die Phasen sind natürlich nicht gleich lang, wie das Kreisbild suggeriert. Insbesondere die Konsolidierungsphase braucht in Beratungs- und Therapieprozessen eine angemessene Unterstützung:

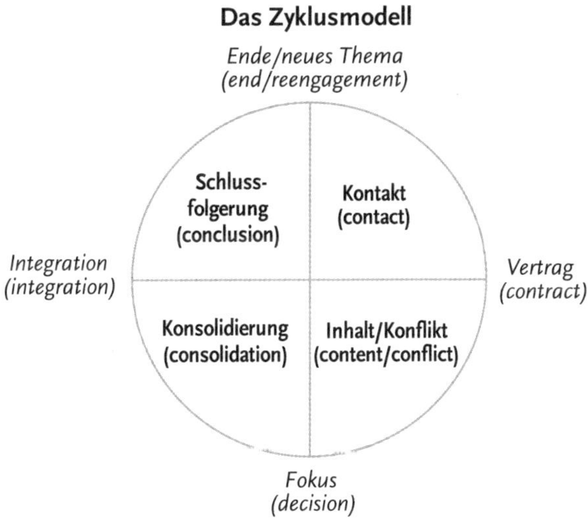

Abb. 8: Coaching und Beratung
(Quelle: Mohr nach Hewitt, TAJ 1995, 2003)

War das Zentrum der transaktionsanalytischen Intervention ehemals die Entscheidung, so stehen jetzt die Umsetzung, das Einüben im verhaltensbezogenen Ansatz und das Erleben einer neuen Beziehung auch durch Bearbeiten von Übertragung und Gegenübertragung im psychodynamischen Ansatz im Vordergrund.

2.6.3 Häuser-Modell

Systemisch Veränderungen erzielen bedeutet, ein Phänomen vor seinem Kontexthintergrund zu betrachten, eine Zielsetzung auszumachen, die bisherigen Lösungsversuche zu identifizieren und, darauf aufbauend, neue Lösungshypothesen zu ermitteln. Der Einsatz des Häuser-Modells (Mohr 2012a) zeigt als ein Tool eine praktische und effiziente Struktur für Beratung in vielen Anwendungsfeldern. Es verbindet die Grundideen der Transaktionsanalyse mit Ansätzen von Peter Senge, Steve de Shazer sowie Schulz von Thun und die zentralen theoretischen Gedanken des systemischen Ansatzes: Dazu gehört der Zeitpunkt des Auftauchens eines Anliegens sowie seine Einbettung in ein aktuelles Kräftefeld. Probleme entstehen in der aktuellen Inszenierung durch die Interaktion. Die gedanklichen Konstrukte sind für die Aufrechterhaltung des bisherigen Problems und seine Lösungsversuche zuständig. Die Gewohnheitsaufmerksamkeiten bei Problemen und Lösungen, Hin- und Herbewegen zwischen Problem- und Lösungsraum ergibt Sinn. Verhalten hat eine subjektiv »positive« Absicht. In der Phase der Aufnahme werden vier Felder aufgenommen: der Kontext, das Ziel, die äußere Bühne und die innere Bühne.

Beim Kontext geht es um die relevanten Systemaspekte einer Fragestellung. Dies können Organisationsstruktur und -kultur (Mohr 2000, 2006; Balling 2005) rund um das Problem, aber auch die Historie des Problems sein. Organisationsstruktur kann hier beispielsweise der Ausschnitt eines Organigramms sein. Bezüglich der Historie macht es einen Unterschied, ob ein Problem gestern entstanden ist oder schon fünf Jahre »vor sich hin dümpelt«.

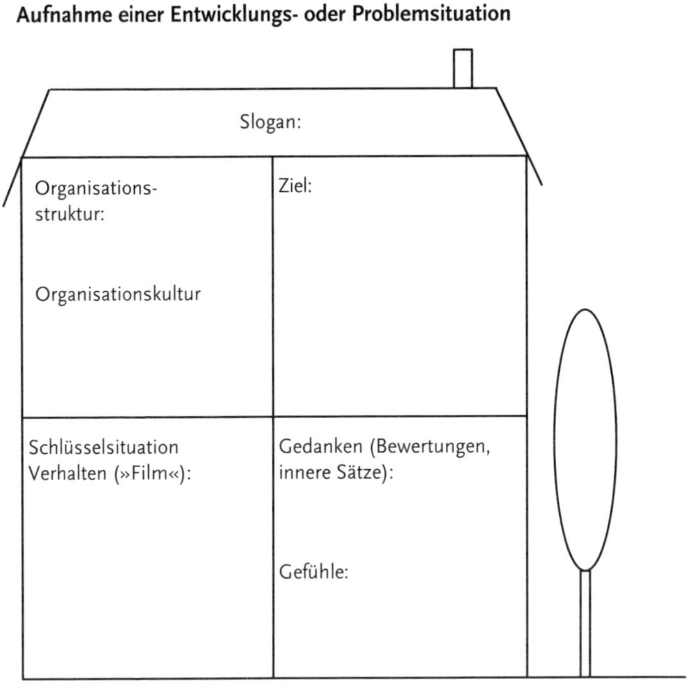

Abb. 9: Das Häuser-Modell
(Quelle: Mohr 2012a nach Friedemann Schulz v. Thun)

Beispielfragen: Wie ist die Organisationsstruktur, die -kultur, die Historie des Problems? Wer ist beteiligt und steht einer Aktivität positiv gegenüber, wer ist eher skeptisch? Wie (wann) ist die Idee, etwas zu unternehmen, entstanden? Wer entscheidet über Erfolg oder Misserfolg?

Die Zielformulierung im rechten oberen Quadranten führt Vertragsarbeit aus. Es wird das Ziel für die jetzige Beratungseinheit als eine Vorgabe für den Klienten – das heißt, mit dem handelnden »Ich« in der Formulierung (im Gegensatz zu Zielen für andere) – und mit einer konkreten Beschreibung der Veränderung in Verhalten, Denken oder Gefühlen beschrieben.

Beispielfragen: Was würden Sie gerne hier erreichen? Woran wird Erfolg oder Misserfolg zu erkennen sein?

Nun kann es an die Erfassung der äußeren Bühne gehen. Hilfreich ist dabei die Filmmetapher: Was könnte ein Filmteam in Wort und Bild konkret erfassen, wie sich das Problem oder die Entwicklungssituation im Verhalten darstellt?

Beispielfragen: Wie kommen Probleme/Entwicklungsnotwendigkeiten momentan zum Ausdruck? Wie folgen bestimmte Verhaltensweisen einzelner Beteiligter aufeinander? Welche Auswirkungen hat das auf wen?

Davon zu unterscheiden ist die innere Bühne, die Gedanken und Gefühle abbildet, die der Klient, aber auch andere Betroffene haben. Gedanken sind auch Bewertungen, Einschätzungen und Einstellungen. Mittels der gezielten Befragung (Berne 2005, S. 207) werden die Gefühle ermittelt. Sie sind ebenfalls hilfreich für den Bewusstseinsprozess des Klienten. Hier ist auf die sprachliche Unschärfe zu achten, den Umstand, dass Menschen oft Bewertungen und Gefühle verwechseln, weil sie gern vermischt werden. Beispielsweise ist die Aussage »Ich fühle mich ungerecht behandelt« nicht Gefühl, sondern Bewertung, die erst unter Umständen ein Gefühl hervorruft, was für die Möglichkeit der Intervention in Gedanken-Gefühl-Verhaltens-Ketten eine wichtige Unterscheidung bedeutet. Man kann Gefühle unter Zuhilfenahme der acht Grundgefühle (Angst, Freude, Ärger, Zuneigung, Trauer, Schuld, Scham, Ekel) erfassen (Mohr 2008, S. 71 ff.) und sogar noch bezüglich des empfundenen Ausmaßes auf einer Skala (z. B. 0-100) einstufen, um die Tragweite und auch die individuelle Differenziertheit der Reaktion eines Menschen zu verdeutlichen. Ebenso können hier auch funktionelle Ich-Zustände in ihrem Zusammenwirken im inneren Team (Mohr 2003) untersucht werden. In der Praxis zeigen sich interessante Unterschiede zwischen sehr ausführlich beschriebenen äußeren Bühnen bei gleichzeitig wenig inneren Reaktionen – und genauso umgekehrt.

Beispielfragen: Wie wichtig ist das Problem (Skala 0-100)? Was wird gedacht während der Schlüsselszenen? Worauf wird das »Problem« zurückgeführt? Welche Gefühle in welcher Intensität (Skala 0-100) treten auf? Wie würden verschiedene Beteiligte das Problem schildern? Wie würde ein neutraler Beobachter das Problem schildern?

Was der Berater aufschreibt, wird hervorgehoben (»specification«, Berne 2005, S. 207). Was er nicht hervorhebt, erhält nicht so viel Aufmerksamkeit. Hilfreich ist, wenn er dabei seinen Lieblingsfokus kennt und ihm nicht erliegt. Inquiry, Attunement und Involvement (Erskine et al. 1999) können hier den Kontakt zum Klienten unterstützen. »Inquiry« bedeutet die Haltung des gemeinsamen Erforschens, »Attunement« das Nahe-an-dem-Sein, was der Gesprächspartner äußert und empfindet, »Involvement« bezieht sich auf das Spüren der eigenen Reaktion und ihrer angemessenen Einsteuerung. Verhalten, Denken und Fühlen, die Resultate der Ereignisse auf beiden Bühnen, sind die Definitionsbestandteile des Ich-Zustandes. Allerdings werden im Sinne von Peter Senges »Personal Mastery« das innere Empfinden und das verhaltensmäßige Äußern auseinandergezogen (Senge 1994). Man erhält hier also Muster, die den momentanen zu ändernden Ich-Zustand (Mohr 2010) erfassen.

Zuletzt kann man im »Problemhaus« noch in einem kurzen Slogan – die Essenz der Entwicklungssituation – beschreiben lassen. Dabei ist die Metapher hilfreich, sich vorübergehend als Boulevardjournalist zu fühlen, der hier das Problem in kurzen Worten aufmerksamkeitswirksam auf den Punkt bringt. Dies kann man im berneschen Sinne als Illustration auffassen (Berne 2005, S. 210). Insgesamt bringt das Erfragen dieser Felder meist erste Aha-Erlebnisse für wesentliche Punkte.

Die zweite, die Fortschrittsphase, dient dazu, Neopsyche, d. h. neue Erwachsenen-Ich-Zustände, zu bilden (Mohr 2005). Zunächst werden ausführlich die bisherigen Lösungsversuche und Lösungsideen des Klienten und vielleicht anderer erfragt. Oft kommt der Gesprächspartner (Klient) hier bereits zu dem Eindruck, dass er schon eine ganze Menge getan oder überlegt hat, und wird dadurch ermutigt. Es werden auch die sogenannten Ja-aber-Spiele (Berne1964, dt. 1970, S. 151; Dehner 2001) vermieden. Hier ist die Frage des Begründers der lösungsorientierten Kurzzeittherapie, Steve de Shazer, »What else?« (»Was sonst noch?«) sinnvoll. Denn Klienten brauchen oft Zeit, um ihre Lösungsideen zu finden.

Fortschritt für eine Entwicklungs- oder Problemsituation

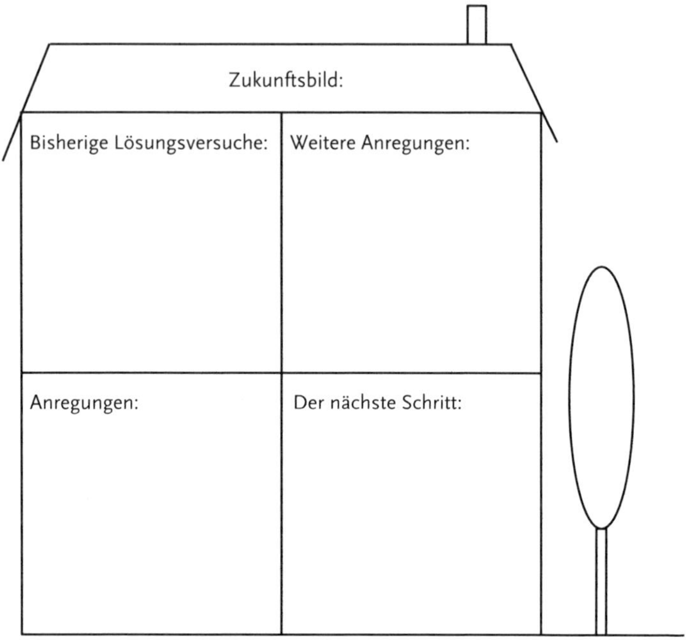

Abb. 10: Das Lösungshaus
(Quelle: Mohr 2012a nach Friedemann Schulz v. Thun)

Beispielfragen: Was wurde bisher von wem versucht? Wie waren die Erfolge, die Misserfolge und die Gründe dafür? Wie sieht es konkret aus, wenn das Problem einmal nicht vorhanden ist? Wie war es, als das Problem noch nicht da war? Wie könnte man das Problem verschlimmern? Wie könnte eine

Hilfsmaßnahme zur Verschlimmerung beitragen? Welchen Preis zahlen die Beteiligten, wenn alles so bleibt, wie es ist?

Der Klient lernt außerdem, die Auswirkungen der bisherigen Lösungsversuche zu ermitteln. Denn oft gab es effiziente Lösungen, die aber wurden nicht konsequent durchgeführt. In der Regel werden an dieser Stelle meist eine oder mehrere wirklich gute Lösungsideen ermittelt. Der Berater kann aber den Klienten auch mit Widersprüchen konfrontieren und ihn zur Stellungnahme auffordern.

Beispielfragen: Angenommen, das Problem wäre wie durch ein Wunder morgen verschwunden, woran würde man dies im konkreten Verhalten der Beteiligten erkennen? (Das ist die sogenannte Wunderfrage; de Shazer 1990.) *Weitere »Angenommen-dass«-Fragen:* Was müssten Sie an Glaubens(ch)ätzen aufgeben, damit sich etwas ändert? Welche drei Lösungsrichtungen sehen Sie? Welche Auswirkungen hat der Erfolgsfall, welche der Misserfolgsfall? Welchen Preis haben und welchen Gewinn bringen die verschiedenen Varianten?

Hier greift das Repertoire der Interventionstechniken. Der Berater kann an Techniken einsetzen: Konfrontieren, Konfirmieren, Erklären und »modellbezogenes Deuten« (Mohr 2010). Ein Berater ist in erster Linie ein Prozessberater *(process facilitator)*, kein Fachberater. Dennoch kann er ergänzend durch einen entsprechenden »Vertrag« »abgesichert« in die Expertenrolle (»Meiner Erfahrung nach ist hier sinnvoll: ...«), in die Ratgeberrolle (»Ich würde Ihnen empfehlen: ...«) oder sogar in die Instruktorenrolle (»Machen Sie auf jeden Fall: ...«) gehen. Aber der Klient ist immer zu befragen, wie er dazu steht und was er damit macht. Am Ende der Lösungsphase steht die Frage an den Klienten nach seinem nächsten Schritt und seinem Resümee. Dies kann ein Tun, auch ein Weglassen von etwas sein. Wichtig ist am Ende, sich nicht unter den Druck des angenehmen Gefühls zu stellen. Das Ende wird einfach auch durch die Zeit definiert.

Beispielfragen: »Wenn Sie sich noch einmal das Ganze anschauen, was nehmen Sie daraus mit, was erscheint Ihnen jetzt vordringlich?«, »Welches ist der nächste Schritt?«

Der Berater kann noch zusätzliche Impulse geben (»Ich möchte Ihnen noch etwas mit auf den Weg geben: ...«). Das wäre dann die Ratgeberrolle. Wer will, kann auch noch eine Vision oder ein Zukunftsbild ergänzen, um den Entwicklungsschritt etwas mehr zu ankern. Insgesamt ein sehr praktisches TA-Tool.

2.6.4 Ein Vertiefungsbeispiel – Antreibermuster

Im Folgenden werden für das Modell der Antreiber Vorgehensweisen und Neukonzeptionen exemplarisch beschrieben (Mohr 2017). Die prinzipielle Vorgehensweise kann auch für Skripteinschärfungen, Spiele, Symbiosen genutzt werden. Bestimmte psychische Muster (Mohr 2012b), die »Antreiber«, sind Stressverursacher und Resilienzfeinde »erster Güte«. Bekannt sind die fünf von Taibi Kahler (1977) benannten Muster »Sei (immer) perfekt!«, »Sei (immer) stark!«, »Mach's (immer) allen recht!«, »Streng dich (immer) an!« und »Beeil dich (immer)!«. Konstruktives Bewältigen von Herausforderungen des Lebens wird durch sie erschwert, ebenso flexible Anpassung an die Aufgaben der Lebens- und Improvisationsfähigkeit. Antreiber treiben zu einer Sicht und einem Verhalten an, die eine Verschärfung der belastenden Erfahrungen erzeugen. Sie können Eigenschutzentscheidungen aus der Kindheit sein (»Ich bin nur in Ordnung, wenn ich den Aufforderungen entspreche«). Das eigentliche Skript, zu dem die Antreiber eine Art Außenschicht bilden, wird als darunter liegend angenommen und lässt sich symbolisieren als innere, durch Tributwächter geschützte Ebene. Die Antreiber stellen dann eine zweite Schicht der Skriptbildung noch einmal um die symbolisierten Tributwächter herum dar, weil Letztere in der Entwicklungsarbeit zunächst »bedient« werden müssen, damit das tiefere Erkennen möglich wird. Oft wirken Antreiber Hand in Hand mit den Skriptwächtern, die hier in ihrem emotionalen Aspekt Grundängste, Traumata und Schmerzen symbolisieren (Mohr 2017).

Antreiber werden zunächst als Verhaltensauffälligkeiten wahrgenommen. In ihnen steckt aber oft tiefere Dynamik. Kahler und Capers (1974) definierten Antreiber als Gegenbotschaften, übernommene Empfehlungen, mit denen belastende frühe Einschränkungen des Urvertrauens in das Leben kompensiert werden. Kahler, ein Transaktionsanalytiker aus Little Rock, Arkansas, USA, hat zahlreiche interessante weitere Beiträge zu den Antreibern stimuliert (Hay 1993; Köster 1999; Schmid u. Hipp 2001; Preukschat 2003; Kreyenberg 2003; Schneider 2006; Tudor 2008).

Wie ist die Korrekturrichtung für die Antreiber?
Hinreichend wurden bisher sogenannte Erlauber als Entwicklungsintervention oder auch die Fokussierung auf positive Deutungsgehalte der Antreiber (Hay, Köster, Schmid u. Hipp, Schneider) beschrieben. Dennoch sollte man nicht aus den Augen verlieren, dass Antreiber in vielen Fällen eine prägende Rolle in einer Persönlichkeit spielen und so ein beziehungs- und emotionsorientiertes Vorgehen erfordern. Das praktische Herangehen orientiert sich an der »Ankerungstiefe« des Musters.

Tiefe 1: Zeitweise, kontextspezifische Angewohnheit: Der Antreiber kann lediglich eine zeitweise, kontextspezifische Angewohnheit sein. Man hat in seinem Berufsumfeld gelernt, dass man mit dem »Sei-stark«-Muster am besten fährt, »bloß keine Schwäche oder sanften Gefühle zeigen«. Ein Mensch funktioniert dann in diesem Kontext so und zeigt das Muster, wertet aber nicht generell Gefühle ab. Das ist die erste Tiefenstufe, die oberflächlichste. Der Antreiber gehört nicht zum tieferen Glaubens- und Identifikationssystem eines Menschen. Auf dieser Stufe ist der Antreiber nicht so tief »geankert«, nicht mit anderen psychischen Aspekten wie der Loyalität gegenüber den Eltern oder der Identitätsvorstellung verbunden. Bezüglich Therapie, Beratung und Coaching ist dieser Typ der leichteste. Bewusstseinsbildung reicht hier meist als Änderungsimpuls.

Tiefe 2: Durchgehende, leichte Tönung des Verhaltens: Die nächste Stufe ist der Antreiber als durchgehende leichte Tönung des Verhaltens. Der Mensch ist dann beim »Sei-stark«-Antreiber gefühlsmäßig etwas weniger »musikalisch«. Er muss ein wenig überlegen, wenn man ihm die Frage nach seinem momentanen

Gefühl stellt. Diese Stufe ist therapeutisch und beraterisch interessant, denn der Leidensdruck entsteht hier meist bei anderen Personen, da die mit dem Betreffenden in Beziehung Stehenden durch sein Verhalten irritiert sind. Hier sind ein deutliches Feedback und ein psychoedukatives Vorgehen, etwa das Üben von Gefühlswahrnehmung und -äußerung, hilfreich.

Tiefe 3: Deutliches Stressnotprogramm: Dann folgt der Antreiber, der schon sehr deutlich zum Vorschein kommt. Er kann zum Beispiel ein Stressnotprogramm sein. Der Antreiber tritt schon bei kleinen Anforderungen auf. Hier gilt es für die Stresssituationen alternative Bewältigungsmuster zu lernen. Coaching ist hier sinnvoll.

Tiefe 4: Häufig gezeigte Abwehr gegen eine frühe Skripteinschärfung: Der Antreiber ist durchgängig im Verhalten vorhanden und dient zur Abwehr einer tieferen Skripteinstellung (z. B. »Ich bin nicht gewollt«). Der Mensch strengt sich beispielsweise immer bis an den Rand der Erschöpfung an, weil er sich ansonsten nicht wert fühlt oder etwa einer Einschärfung wie »Du bist eine/r, der/die gar nicht existieren sollte« erliegt. Auf dieser Stufe ist das unten dargestellte Schritteprogramm hilfreich.

Tiefe 5: Deutliches und tief verankertes Identitätsmerkmal: Antreiber und Skripteinschärfung gehen in die gleiche Richtung. Der Antreiber ist ein tiefes Identitätsmerkmal der Person. Beispiel: Der »Sei-stark«-Antreiber auf der Gegenskriptebene wirkt mit einer »Fühle-nicht«-Einschärfung zusammen. Entsprechend der zeitgleich mit Bernes ersten Ideen konzipierten Theorie der persönlichen Konstrukte (Kelly 1955) entscheiden sich Menschen sehr früh für ein bestimmtes Lebensthema, und zwar auf polaren Dimensionen, z. B. Perfektion und »Es-laufen-Lassen«.

Beratungsstufen

Insbesondere auf Tiefenstufe drei bis fünf ist das im Folgenden dargestellte Schritteprogramm hilfreich.

1) **Zielpunkt innere Distanz:** Die Lösung liegt in der inneren Distanz des Antreibers, da Inklusion und Finden einer In-

tegrationsform für Aspekte statt Ausschluss ein Charakteristikum des Systemischen ist. Es gibt kaum gänzliches Auslöschen von Mustern, sondern nur einen unterbrochenen Zugriffsprozess. Innere Distanz besteht darin, dass ein gelerntes Muster noch im deklarativen Gedächtnis vorhanden ist, aber nicht mehr im automatisch prozessuralen. Das »Anklopfen« des Musters kann registriert werden, aber emotional und verhaltensmäßig mit Alternativen in Erleben und Handeln beantwortet werden.

2) **Annehmen und nicht abwehren:** Häufig wird in der praktischen Beratungsarbeit aber zu früh ein positiver Blick auf dieses Verhalten geworfen (z. B. »Das ist ja auch eine Ressource«). Für eine »sich realisierende Antreiberdynamik« ist dies voreilig und führt aus dem Lösungsprozess hinaus. Eine solche Umdeutung »verwässert« und respektiert oft nicht das Selbsterleben des Betroffenen. Für den Menschen, der etwas Neues entwickeln will, bedeutet es zu realisieren: Mit dem Muster, mit dem er sich da bisher durch Situationen und durchs Leben geschlagen hat, geht es nicht weiter.
3) **Den Schmerz spüren:** Dies ist eine Erkenntnis und Entscheidung, die deutlich mehr als kognitiv ist. Sie verursacht Schmerz. Man muss dazu nicht in die Kindheit zurückgehen, um frühe Entstehungssituationen aufzuspüren. Denn auch bezüglich eines kürzlich erlebten Auftretens des Musters kann derselbe innere Erkundungsprozess mit dem Klienten für die emotionale Seite sorgen. Diese Phase wird manchmal schon in der Qualität von Verzweiflung erlebt, wie es auch in einer entsprechenden Phase des Dilemmazirkels (Schmid und Jäger 1986) gilt. Erst Durchgehen durch diese Phase bringt die nötige Voraussetzung für einen klaren Blick auf das, was ansteht. Sonst erhält sich die alte Entscheidung, dass der Antreiber doch eine »gute Alternative« sei. Erst wer den Schmerz gespürt hat und ihn jetzt im Erwachsenenleben als aushaltbar erlebt, kommt in die Lage, sauber die Ausstiegsmöglichkeiten zu betrachten.

4) **Die Erlebens- und Verhaltenskette analysieren:** Nun geht es darum, die Erlebens- und Verhaltenskette von heutigen, aktuellen Inszenierungen des Antreibers genau anzuschauen. Hier ist es nicht entscheidend, ob man in der Formulierung genau den fünf Standardantreibern folgt (siehe unten: »die neuen Antreiber«). Das heißt, der Betroffene kann seine Version des Antreibers formulieren. Es gilt, die Inszenierung und möglichst den Einstieg in den Antreiber zu ermitteln: Was ist der genaue Auslösepunkt, der Auslösekontext, der Beginn eines Antreibermusters? Denn das gibt schon Hinweise auf die Ausstiegsmöglichkeit.
5) **Die »Süße« des Einstiegs herausfinden:** Der Einstieg in den Antreiber ist nicht unbedingt mit Stressgefühlen verbunden. Die kommen oft erst später. Der Einstieg ist häufig »süß und verführerisch«. Das heißt, in Therapie und Beratung sind die »süßen« Auslösemomente des Antreibers zu identifizieren:
   - »Streng-dich-an«-Antreiber: die Begeisterung für (noch) ein Thema und die grandiose Überschätzung (»Das schaffe ich auch noch. Wer sonst schon?«).
   - »Sei-perfekt«-Antreiber: die Freude über das, was man detektivisch finden kann und was man alles weiß.
   - »Sei-stark«-Antreiber: die eigene Stärke und Unbeeindruckbarkeit.
   - »Mach's-recht«-Antreiber: die Eigenüberschätzung, was man für andere tun kann und wie wohl man anderen tun wird.
   - »Beeil-dich«-Antreiber: die Freude, etwas schnell erledigt zu haben, die eigene Schnelligkeit zu erfahren; denn man will ja zu vermeintlich Angenehmerem danach kommen.

Also steht häufig am Anfang eine Selbstzuschreibung, die mit einem verführerischen Gefühl verbunden ist. Es ist überhaupt nicht ein »Ich bin nur o. k., wenn ich …«, auf der bewussten Ebene ist es eher ein »Ich bin der Richtige dafür, denn (besonders) ich beherrsche das, was jetzt kommt«.

6) **Den Fortgang mit seinem Gewohnheitscharakter analysieren:** Dafür, weitere Ausstiegsmöglichkeiten zu finden, gilt es, den Fortgang des Antreibers, wie er sich im Tun entfaltet, zu betrachten, seinen Gewohnheits- bis Zwangscharakter: »Er lässt einen dann nicht mehr los.« In diesem Stadium braucht es Menschen als Bündnispartner, die einem den Kopf zurechtrücken. Auch achtsamkeitsbasierte Vorgehensweisen wie Gegenwärtigkeit und Dezentrierung (Tapper 2018) zeigen hier in Studien gute Ergebnisse. In dieser Phase ist der Leidensdruck am größten. Peter Levine (2008) schlägt »Titrieren«, einen der Chemie entlehnten Begriff des »tröpfchenweisen« Konfrontierens, vor. Es bedeutet praktisch, dass die innere Distanz durch schrittweises Annähern an das Befürchtete unterstützt werden muss. Introvision (Wagner 2008; Dehner u. Dehner 2015) ist hier auch eine gute Methode. Die emotionale Reaktion des Betroffenen ist hier zu fokussieren, damit er frei für neues Lernen wird.
7) **Die Endauszahlung nicht konsumieren:** Antreiber folgen dem von Eric Berne genialerweise beobachtenden Prozess- und Zykluscharakter mit emotionaler »Endauszahlung« wie auch Skript und Spielen. Die Dynamik führt zu einem unbefriedigenden Ergebnis für den Angetriebenen. Schmid sprach, ein altes deutsches Sprichwort nutzend, vom »Weg vom Regen in die Traufe«, was meint, dass ein gut gemeinter Lösungsversuch zu noch mehr Leiden führt. Es gilt, nicht das »So bin ich« im Sinn zu haben, sondern das Geschehen als »Das ist bisher ein Muster bei mir« zu charakterisieren. Denn niemand *ist* ein Antreiber, er ist und bleibt ein gelerntes Muster.
8) **Ermöglicher statt Erlauber:** Die klassische TA hat »Erlauber« oder »Erlaubnisse« vorgeschlagen. Damit steht man sprachlich noch in der Logik der Eltern-Kind-Interaktion. Daher wäre es besser, von »Ermöglichern« zu sprechen, die Menschen in sich wach rufen können – in der Tabelle gibt es einige Beispiele für auffordernde Ermöglicher. Idealerweise

sollte eine eigene Formulierung benutzt werden. An diesem Punkt ist oft der reine Kontakt mit dem Menschen hilfreich. Es kann jemand sein, der einem den »Kopf zurechtrückt«, wie der Volksmund sagt, also durchaus etwas unsanft aus dem Muster herausrüttelt. Der gute Kontakt zu einem Menschen kann die Aufmerksamkeit woanders hinlenken. Der Angetriebene kann etwas Neues an die Stelle setzen. Bloßes Erlauben (»Lassen Sie sich Zeit und Raum«) hilft meistens nicht. Die Beziehung ist das zentrale Element. Aber reicht die Beziehung dazu aus, diese Botschaft tatsächlich beim anderen so ankommen zu lassen, dass er sie als überzeugende Weltbeschreibung innerlich annehmen kann? Andernfalls ist es lediglich so »dahergesagt« und führt möglicherweise genau zu einer Bestätigung des Antreibers. Wenn ein Klient Antreiber verändern will, gilt für ihn in der Selbsterkundung: »Ich bin der, der das Muster realisiert. Ich registriere die Dynamik, ich schaue, in welcher Rolle ich dazu bin, ich konzipiere Maßnahmen und überlege mir eine operative Ausgestaltung« (in Ritualen, Verhaltensanweisungen, inneren Sätzen, durch Unterstützung von Beziehungspartnern etc.).

Resilienz entwickeln – die »Antreiber« als Entwicklungspunkte

• Sei (immer) perfekt!	*Geh in die Hingabe an das Leben, nicht an Objekte, Pläne, Dinge!*
• Sei (immer) stark!	*Spüre Gefühle, deine und die der anderen (Mitgefühl).*
• Beeil dich (immer)!	*Gib deinem inneren Leben Raum und Zeit.*
• Sei (immer) gefällig!	*Lerne dein Leben kennen.*
• Streng dich (immer) an!	*Erkenne das Wesentliche und folge dem!*

Entwicklungs-Botschaft »Werde Mensch!«

Tab. 2: Die Ermöglicher (Quelle: Mohr 2017)

Sechs neue Antreiber

In den Antreibern vermitteln Eltern auch gesellschaftliche Trends (Mohr 2017). So ist beispielsweise das Antreiberthema des »Streng dich (immer) an« heute weniger im Vordergrund als in den 1950er-, 1960er- und 1970er-Jahren. Andere neue Antreiber kommen ins Spiel: So heben Mary und Robert Goulding den Antreiber »Sei genauso« hervor. Tudor (2008) untersucht genau das Muster »Nimm es an« *(»Take it«)* im Sinne einer absoluten Verpflichtung, alles von anderen anzunehmen. Schmid und Hipp (2001) hatten den Aspekt der Beziehungsdynamik deutlich gemacht, indem sie nicht nur die einzelne Botschaft (z. B. »Sei ...!«) und die darauffolgende Entscheidung des Gegenskripts (»Ich bin nur o. k., wenn ich ...«), sondern auch die ganze Dynamik, die sie bei anderen auslöst, hervorhoben. Sie fügten den Antreibern sogenannte Konterantreiber hinzu, quasi die andere Seite der Polarität der einzelnen Antreiber. Mittlerweile hat sich gezeigt, dass die vorliegenden fünf Muster die grundlegenden aktuellen Themen nicht abbilden. Systemisch TA betrachten heißt hier neue gesellschaftliche Trends betrachten.

1) *Sei auffallend!*

Menschen mit diesem Antreiber versprechen sich generell oder in Stresssituationen die Rettung davon, dass sie zumindest auffallen, beachtet werden. Das Rad, das am meisten quietscht, wird am meisten geölt. Sie verhalten sich auffällig, erfahren Beachtung – positive oder negative – und lenken sich damit von ihrer Grundangst der Nichtbeachtung ab. Wenn man das seit einigen Jahren beliebte Genre der zahlreichen Castingshows beobachtet, wird die Neigung vieler, einfach in irgendeiner Richtung aufzufallen, sehr deutlich.

2) *Sei aktiv!*

Menschen mit diesem Antreiber müssen immer etwas tun. Sie dürfen nicht ruhen und rasten. Sobald ein Moment freie Zeit da ist, wird sie gefüllt. Heute soll jeder Selbstoptimierer sein.

Dies hat noch eine ganz andere Qualität als »Beeil dich«, weil es hier nicht um die Zeit oder den Raum geht, sondern um das Bewegungsmoment des Menschen in seiner Beziehung zu Themen und anderen Menschen. Eine Konterdynamik ist hier eindeutig: das »Sei lahm!«, »Bewege dich nicht!«

3) *Sei genauso!*
Die meisten Menschen vergleichen sich mit anderen. Dies ist die grundlegende Dynamik der elterlichen Botschaft und des daraus resultierenden Musters, das dazu auffordert, sich von sich aus so zu verhalten, dass man in dem Vergleich nicht auffällt, dass man nicht schlecht abschneidet und nicht einen Trend verschläft. Die Konterdynamik liegt hier entsprechend im »Sei anders!«. Dann haben Menschen die starke Neigung, sich reaktiv immer gegen etwas zu positionieren, was gerade angeboten wird.

4) *Sei vorsichtig!*
Bei diesem Antreiber geht es darum, in Stresssituationen oder auch schon im Normalalltag die Umwelt und die anderen Menschen zu beobachten und in der jeweiligen Reaktion zu zögern. Die Welt ist von Gefahren durchsetzt, tendenziell im Niedergang begriffen (Klima, Überbevölkerung, Verrohung ...), und entsprechend ist alles, wenn überhaupt, mit reduzierter Kraft zu berühren.

5) *Bleib unzufrieden!*
Zur Verhinderung des Kontaktes mit seinem Skriptgefühl beschließt jemand, nie zufrieden zu sein. Zuwendung wird darüber zu erkaufen versucht, dass nichts ausreicht. Die Skriptillusion der Rückkehr ins Paradies dient als Vergleichsmaßstab. Es ist nie genug. Es muss immer noch mehr sein. Vorzugsweise fehlende marginale Punkte werden betrachtet und das Ganze aus dem Auge verloren, nur um in der latenten und bisweilen vehementen Unzufriedenheit nicht darunter liegende schmerzhaftere Gefühle zu spüren. Der Vorteil dieser Haltung ist auch, dass man in einer Opferhaltung bleiben kann.

6) *Sei besonders!*
»Passe dich nicht der Masse an!«, »Stelle immer etwas anderes dar!« »Du bist nur o. k., wenn du deine Eigenständigkeit und Distanz zu anderen auch proklamiert hast!«. Dahinter ist eine Botschaft, sich nicht zugehörig zu machen, vielleicht auch die Erfahrung des diese Botschaft mitgebenden Elternteils, dass man sonst vereinnahmt wird. Herauskommen aus den Antreibern bedeutet hier, ihren Abwehrcharakter aufzulösen und die darunterliegende Thematik zu registrieren und zu spüren. Es ist ein Thema, für das der Mensch sich in frühen Jahren mit seinen damaligen kognitiven und emotionalen Möglichkeiten entschieden hat. Auch hier sind wieder sogenannte Erlauber vorstellbar zur Überwindung der Einschränkungen, der einseitigen Aufmerksamkeitsfokussierung auf den Antreiber.

Antreiber	Erlauber/Ermöglicher
Sei auffallend!	Du bist liebenswert und wirst gesehen.
Sei aktiv!	Entwickele Vertrauen in das Leben. Du darfst auch einmal nichts tun.
Sei genauso!	Entdecke deine Eigenart, und lebe sie.
Sei vorsichtig!	Du darfst guten Mutes sein.
Bleib unzufrieden!	Du darfst Freude und Zufriedenheit spüren.
Sei besonders!	Du darfst in Kontakt mit anderen sein.

Tab. 3: Antreiber des 21. Jahrhunderts (Quelle: Mohr 2017)

Es sind sicher noch weitere Antreiber denkbar, da Menschen einfach ein sehr breites Spektrum an Mustern entwickeln können. Mit den Antreibern liegt ein interessantes, kompaktes Modell von inneren Dynamiken bei Menschen vor. Die Antreiber als innere Energieerzeuger und -räuber (Taglieber und Raebricht 2018) mit guter Absicht, aber stressigen Folgen werden in unserer heutigen Zeit reichlich angesprochen.

2.7 Ausblick für die individuelle systemische Transaktionsanalyse

Aus den Perspektiven von Menschenbild bis Professionsmethoden lässt sich die individuelle systemische TA sowohl als zusammenhängende Theorie wie auch als Angebot an Landkarten für einzelne gesonderte Fragestellungen in Beratung und Therapie nutzen. Die weitere Forschung sollte vielleicht die Wirksamkeit von TA für bestimmte therapeutische Fragestellungen betrachten. So sind etwa in den letzten Jahren über das *IJTAR (International Journal for Transactional Analysis Research)* sehr viele Studien veröffentlicht worden, die eine echte Forschungsbasis beispielsweise für depressive Störungen ergeben haben (Horn et al. 2015; van Rijn et al. 2011; Widdowson 2013; Benelli et al. 2017).

3 Organisationale systemische Transaktionsanalyse

Systemische Transaktionsanalyse hat einen besonderen Schwerpunkt im organisationalen Feld, in dem Berater häufig mit Mehrpersonenkonstellationen arbeiten. Schon Berne hatte sich im Buch *Struktur und Dynamik von Organisationen und Gruppen* (1963, dt. 1979) dem Gesamtsystem zugewandt. Ihm folgten einige Beiträge (unter anderen Fox 1975; Mountain a. Davidson 2005, 2015; Vergonnejeanne 2010). Diese Ansätze betrachten Organisationen allerdings noch aus einer statischen Sicht. In der systemischen Richtung gab es dann Ansätze, die personenbezogene Konstruktionen der TA auf die Organisation bezogen. So wurde eine Organisationspersönlichkeit in Ich-Zuständen (Vogelauer 1991; Hauser 1991; Balling 2005), ein Organisationsskript oder ein kollektiver Bezugsrahmen im Unternehmen (Mohr 2000) beschrieben. Erst die Rollenwelten (Schmid 1994, 2003) und die Systemdynamiken (Mohr 2006) verbanden dann den Kontextbezug und die konstruktivistische Idee zu explizit systemisch-transaktionsanalytischen Organisationsansätzen.

3.1 Das Rollenmodell

Die Rollendefinition sieht die Rolle als Überschneidungsfeld zwischen Person und System. Sobald man ein System »betritt«, hat man eine Rolle. Schmid (1994) geht sogar so weit zu sagen, dass es keine Persönlichkeit außerhalb von Rollen gibt, man nicht die Ausrede hat, »eigentlich bin ich ganz anders, doch ich komm so selten dazu«, weil man sich in den Rollen des Lebens ausdrückt. Eine Rolle erweitert den Ich-Zustand und ist ein kohärentes Muster aus Denken, Fühlen und Verhalten zuzüglich einer Wirklichkeitsvorstellung und bestimmter Beziehungsmuster (ebd.). Somit ist dieses Rollenmodell »psychologisch«, es beschreibt sowohl Erleben als auch Handeln in einer Rolle. Der klassische soziologische Rollenbegriff war dagegen auf die Erwartungen von außen fokussiert. Schmid (1994) unterscheidet zunächst Privatrollen von Berufsrollen und innerhalb der Berufsrollen die Kompetenzwelten (Professionswelt) von der Organisationsform (Organisationswelt), in der gearbeitet wird. In allen diesen Welten gelten typische eigene Werte und Ethiken. So können Konfliktfelder entstehen, beispielsweise zwischen der Ethik einer Profession und dem, was eine Organisation gerade verlangt. Das einfache Dreiermodell lässt sich zusätzlich auf weitere Lebenswelten ausdehnen, wenn man auch andere gesellschaftlich relevante Rollenbezüge des Menschen erfassen sowie das Modell auch für Fragen der

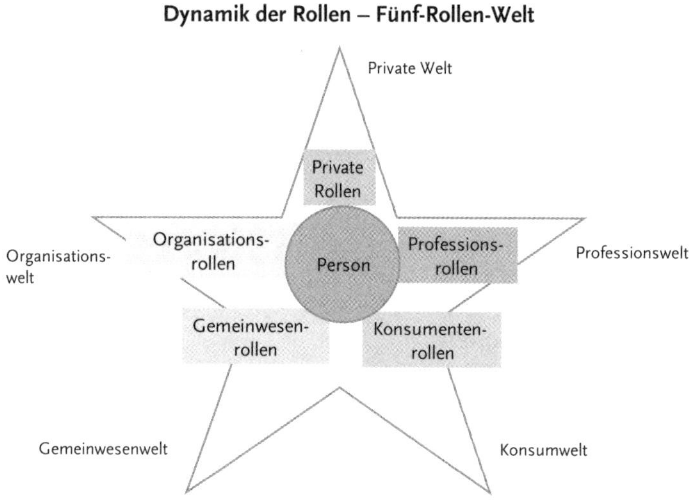

Abb. 11: Das Fünf-Welten-Modell (Quelle: Mohr 2015)

Balance der Lebenswelten nutzen will. So habe ich zunächst eine Erweiterung durch die Gemeinwesenwelt vorgeschlagen (Mohr 2000), weil in politischen, sozialen und ehrenamtlichen Bereichen wichtige Beiträge zur Gesellschaft geleistet, Kompetenzen erworben und auch eigene Identitätsentwicklung gefördert werden. Dann fand zusätzlich – aus der Überlegung heraus, wie maßgeblich sich die Form des Konsums heute aus ökologischen, aber auch Fair-Trade- und Menschenrechtsgesichtspunkten gestaltet – die Konsumwelt Eingang in das Rollenmodell. Im Rollenmodell sind die Bewusstheit und die Klarheit der Rollen wichtig, wenn es um die Kommunikation zwischen diesen Rollen geht (s. u., Dynamik 2, »Rollenbeziehungen«). Andererseits sind aber auch die Phase der Übernahme der Rolle, die innere Identifizierung mit ihr, ihre Aufrechterhaltung und konstruktive Weiterentwicklung Themen von Bedeutung. Schmid (1994, 2003) beschreibt dies ausführlich. Das Rollenmodell ermöglicht es, Kommunikation auch als zwischen Rollen stattfindend zu beschreiben. Dabei gibt es genauso parallele Transaktionen, wenn aus der gleichen Rolle geantwortet wird (z. B.: organisational zu organisational: Führungskraft zu Mitarbeiter: »O. k., ich werde Ihre Anregung umsetzen«), wenn gekreuzt wird (z. B. organisationaler Stimulus, private Response: »Sie können mich mal«) oder auch, wenn doppelbödig kommuniziert wird (offen: organisational zu organisational, unterschwellig: privat zu privat: »Wir werden die Vorgabe wortwörtlich – koste es, was es wolle – ausführen«). Entsprechend lassen sich auch das Symbiosemodell und das Spielmodell auf die Rollenbeziehung übertragen. Etwa schreiben Organisationen, wie es oft der Fall ist, ihren Mitarbeitern ohne professionelle Notwendigkeit einen bestimmten Dresscode bis hin zu einer Uniform vor. Dann nimmt die Organisation Lebensbereiche des Menschen symbiotisch in Beschlag. Organisationsspiele bestehen vor allem aus den vielen Situationen, in denen das Definitionsmerkmal für Spiele, das Vorhandensein einer verdeckten Ebene, virulent ist, die nicht offen in der Organisation benannt werden darf. Dann wird auf der offenen Ebene zu einer neuen Direktive »Ja« gesagt, auf der verdeckten Ebene wird sie allerdings vergessen (Nichtstun), rein formal erfüllt (formaler Gehorsam) oder mit solchem Aufwand befolgt (Agitation), dass sie bald keine Rolle mehr spielt.

Das Rollenmodell stellt insgesamt eine wesentliche Ergänzung der klassischen TA hin zum systemischen Ansatz dar.

3.2 Systemdynamiken

Mit dem Modell der Systemdynamiken lassen sich wesentliche dynamische Muster einer Organisation oder größerer Teile von ihr erfassen. Damit wird die Komplexität einer Organisation auf eine gute Weise zugänglich, ohne dass sie überkomplex gemacht oder auch simplifiziert würde. Systemdynamiken umfassen strukturelle und kulturelle Aspekte einer Organisation. Die oft vorgenommene Abgrenzung der strukturellen und kulturellen Perspektive ergibt aus systemischer Sicht keinen Sinn. Struktur wirkt auf Kultur, und Kultur schafft Strukturen. Organisationsentwicklung ist in der Regel »Renovierung des Schiffes bei voller Fahrt«. In der Grafik »10 Systemdynamiken« sind die einzelnen Systemdynamiken aufgeführt, beigefügt ist ihnen jeweils ein klassisches TA-Konzept, mit dessen Hilfe man detaillierte Hypothesen zu den einzelnen Dynamiken aufstellen kann. Die Zielrichtung der Organisationsentwicklung ist bei den Systemdynamiken nicht festgelegt. Sie kann von Gewinnmaximierung bis zu modernen Zielformulierungen wie Resilienz (Mohr 2017; Höher 2018) reichen. Dies entscheiden die Organisationsmitglieder. Resilienz ist seit der Wirtschaftskrise ab 2008 ein wichtiges Kriterium geworden, nachdem die neoliberale Gewinnmaximierungsideologie abgewirtschaftet hatte. Es geht in der organisationalen TA um das Erfassen der emergenten Entwicklung und das Gestalten, die Designkomponente (Laugerie 2006). Die Systemdynamiken sind aus einer gemeinsamen Metaanalyse organisationaler Ansätze aus der systemischen Theorie (Senge, Beer, Schein, Weick) und der Transaktionsanalyse (Berne, Fox, Hay, Schmid) herausgefiltert. Mit zehn dynamischen Dimensionen lässt sich ein Organisationssystem detailliert beschreiben, in einer Kurzversion sogar mit den ersten sechs davon (Mohr 2006, 2010; Mohr a. Steinert 2006). Diese Dimensionen finden in einzelnen

Facetten Vertiefungen in TA-Detailkonzepten. Die Grafik stellt die zehn Dynamiken dar, und im Anschluss finden sich Vorschläge zu Leitfragen für die einzelnen Dimensionen.

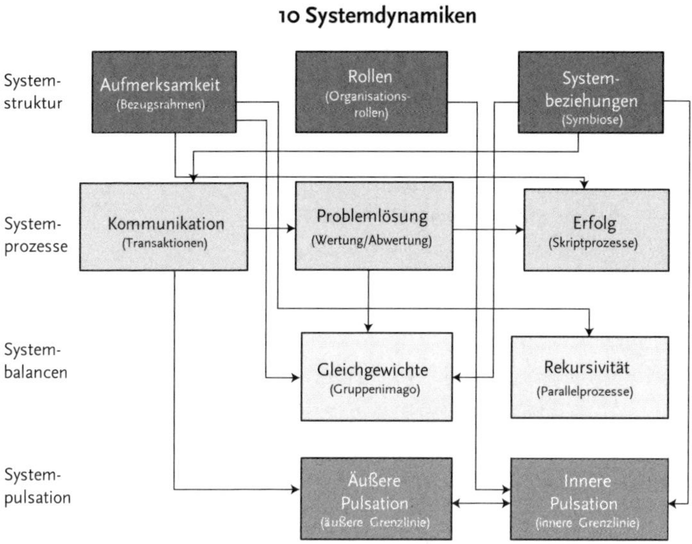

Abb. 12: Systemdynamiken (Quelle: Mohr 2006)

Dynamikfelder der 10 Systemdynamiken (Mohr 2010)

I. Systemstruktur

1) Dynamik der Aufmerksamkeit:
   - Womit beschäftigen sich die Leute in der Organisation(-seinheit) am meisten?
   - Wie verhält sich das, was im Moment die Hauptaufmerksamkeit genießt, zu dem, was eigentlich Ziel der Einheit ist?

2) Dynamik der Rollen:
   - Welche Rollen gibt es momentan im System?
   - Welche Merkmale haben die Rollen?
   - Verändern sich diese zurzeit und wenn ja, wie?

3) Dynamik der Beziehungen:
   - Wie stehen die Rollen und die Personen miteinander in Beziehung?
   - Welche Grundbotschaften gibt es zwischen den Rollenakteuren?

II. Systemprozesse

4) Kommunikationsdynamiken
   - Was charakterisiert die Art, wie man miteinander kommuniziert?

5) Problemlösedynamiken
   - Was sind zurzeit »Probleme«?
   - Wie geht man damit um?

6) Erfolgsdynamiken
   - Wie erreicht oder vermeidet man Erfolge?

III. Systembalancen

7) Dynamik der Gleichgewichte
   - Welches Gleichgewicht würde wer gerne erhalten?
   - Welches Gleichgewicht wird angestrebt?

8) Dynamik der Rekursivität
   - Wie sind ähnliche Prinzipien auf unterschiedlichen Ebenen der Organisation verwirklicht?

IV. Systempulsation

9) Dynamik »Äußere System-Pulsation« (äußere Grenzlinien/Offenheit/Geschlossenheit)
   - Wie entwickelt sich zurzeit die äußere Grenzlinie des Systems?

10) Dynamik »Innere System-Pulsation« (innere Grenzlinien/Subsysteme)
   - Welche relevanten Subsysteme lassen sich in der Organisation zurzeit unterscheiden und wie wirken sie sich aus?
   - Welche Maßnahmen braucht es, um eine »angemessene« Offenheit und Geschlossenheit herzustellen?

3.2.1 Systemstruktur – Aufmerksamkeit, Rollen und Beziehungen

Dort, wohin die Aufmerksamkeit gelenkt wird, findet Wirklichkeit statt. Die Dimension, wohin ein System seine *Aufmerksamkeit* richtet, stellt so eine grundlegende Charakteristik dar: Ist die Aufmerksamkeit überhaupt auf ein Ziel der Organisation gerichtet? Oder laufen die offizielle Zielsetzung und das, womit sich die Menschen in einer Organisation tatsächlich befassen, weitgehend oder völlig auseinander? Vermittelt eine Organisation Achtsamkeit und Hoffnung?

»Die Mütter und Väter einer Organisation sind ihre Ziele«, so hat der Heidelberger Coach Gunther Schmidt einmal in einem Vortrag die Bedeutung einer Orientierung und gleichzeitig den Unterschied zu Familiensystemen formuliert. Aus der klassischen TA ist der Bezugsrahmen ein Detailkonzept für die Aufmerksamkeit. Was wird wahrgenommen, gewertet, was ausgeblendet und abgewertet? Ebenso sind die Elemente wie normatives, strategisches und operatives Management, Achtsamkeit und Hoffnung (zur Letzteren s. Youssef a. Luthans 2007, p. 793) hier Kategorien. Die Kategorie »Hoffnung« ist interessant, weil sie auch in anderen Entwicklungsprozessen, etwa in der Psychotherapie, jenseits aller Einzelmethodik einen der zentralen Faktoren darstellt (Widdowson 2013).

Eine zweite Systemdynamik liegt in der Art, institutionalisierte *Rollen* zu konfigurieren. Die Dynamik der Rollen bildet wiederum soziales Kapital (Höher 2018) ab. Entsprechen Rollen den Erfordernissen des Marktes? Sind Rollenunklarheit und Rolleninstabilität an der Tagesordnung, fehlt die »Struktur«, die Erfüllung eines von der TA postulierten Grundbedürfnisse. Abweichungen erhöhen die Vulnerabilität, in Firmen auch das »operative Risiko« genannt.

Im Bereich der organisationalen Struktur ist als Nächstes die Dynamik der System*beziehungen* zu betrachten. Der deutsche Organisationssoziologe Niklas Luhmann hebt den Rollenbeziehungsaspekt – er spricht hier von »Kommunikation«,

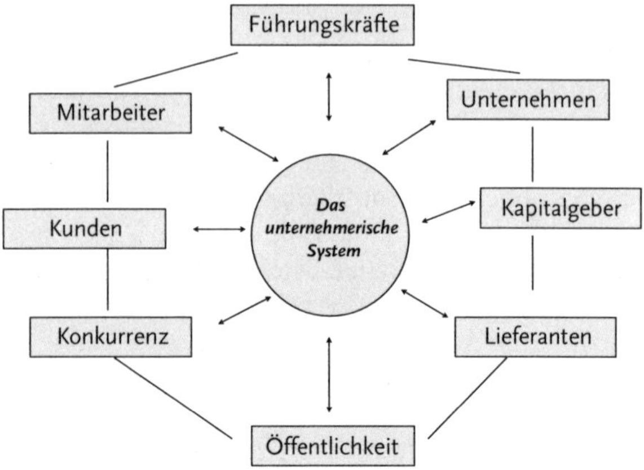

Abb. 13: Organisationsrollen (Quelle: Mohr 2006)

meint dies aber umfassend – quasi zum Definitionsmerkmal eines Systems. Systembeziehung betrifft zum Beispiel:

- Wie wertschätzend sind die Botschaften der einzelnen Rollenträger untereinander?
- Werden alle Systemmitglieder gewürdigt?

Es geht um die Art der Beziehungsgestaltung. Der Unterschied zwischen der privat-persönlichen Beziehungsebene und der Rollenebene ist zentral, da sonst private Beziehungen – wie oft in Familienunternehmen – Vorrang vor organisationalen bekommen. Symmetrische Gestaltung in der Rollenbeziehung (»Ich darf zu dir sagen, was du auch zu mir sagen darfst«) ist ein wichtiges Stichwort. Menschen spüren in erster Line den persönlichen Aspekt der Beziehung. Insofern sind die ständigen internen Prozessveränderungen in Organisationen, inklusive Wechsel der Ansprechpartner, von den strukturorientierten Prozessoptimierern oft gut gemeint, gehen aber am Menschen vorbei. Ein Blick in den Sport macht offenbar, wie lange eine neu zusammengewürfelte Mannschaft braucht, bis sie die »Laufwege« miteinander abgestimmt hat. Es sind alle Beziehungen der Stakeholder, auch außerhalb des enger gefassten Systems, wichtig, also die zu Lieferanten, sogar zu Wettbewerbern. Denn in modernen Wirtschaftsmodellen wie der Gemeinwohlökonomie sind alle vernetzt (Felber 2010; Mohr 2015).

3.2.2 Systemprozesse – Kommunikation, Problemlösung und Erfolg

Drei Prozesse sind in allen Organisationen feststellbar: Kommunikation, Problemlösung und Erfolg. *Kommunikationsdynamiken* zeigen die Mikroebene der Beziehungsgestaltung auf. Was wird technisch und persönlich genutzt? Auf der persönlichen Ebene sind im Feld der Kommunikation weitestgehend dialogische Formen sinnvoll (Höher 2018), weil sie unnötige Kommunikationsmuster wie reine Machtspiele oder Hierarchierituale erst einmal unwahrscheinlicher machen. Die von David Bohm entwickelten Maximen des Dialogs bieten eine wichtige Grundlage (Bohm 2004; Mohr 2018) für gute Kommunikation kombiniert mit Empathiefähigkeit. Dieses Hineinhörenkönnen in sich selbst (Selbstempathie) und auch das Sichhineinversetzen in andere sind dafür eminent wichtig. Voraussetzung ist allerdings, dass Menschen, auch die Mitglieder einer Organisation, einiges über sich selbst gelernt haben. Sonst können sie Projektion nicht von Authentischem unterscheiden. Die Qualität eines Systems ist, wenn man den häufig benannten Aspekt des organisationalen Lernens betrachtet, außerdem sehr stark mit seiner *Problemlösefähigkeit* im Sinne von Selbstorganisation, Change und Anpassung verbunden. Das heißt, dass Problemlöseprozeduren in der Organisation praktiziert werden, die tatsächlich Probleme angehen und Lösungen produzieren. Ein Beispiel ist etwa die Etablierung von kollegialen Lösungsstrukturen (Franz u. Kopp 2003; Schmid, Veit u. Weiner 2010; Tietze 2013; Mohr 2012a). Problemlösung steckt auch im Innovationsvermögen eines Systems (Folke et al. 2010). Last, but not least ist der *Erfolg*, die Erfolgsdynamik, in einer Organisation wichtig: Was wird als Erfolg definiert? Ist überhaupt ein Erfolg möglich? Wie wird mit Erfolg, aber auch mit Misserfolg umgegangen? Der Erfolg, das positive Elixier, die Energie für das Angehen neuer Herausforderungen, wird in Organisationen häufig sträflich missachtet. Es gibt sogar die Überzeugung, dass die Erfolgserlebnisse Menschen zur Trägheit oder zu Übermut verleiten. Dafür gibt es in der sozialpsychologischen Forschung allerdings keinen Hinweis. Dennoch ist es eine häufig zu beobachtende Abwertung, die ganze Organisationskulturen bestimmt. Es sind auch die Muster der Ursachenzuschreibung (Attribution) zu beachten: Wird Erfolg oder Misserfolg auf Fähigkeiten, Einsatz, Umfeld oder Zufall zurückgeführt? Eine gute Konstruktion von Wirklichkeit beinhaltet erfahrungsgemäß beeinflussbare Faktoren (Weiner 1974), sonst ist sie für die Praxis wenig handlungsleitend.

3.2.3 Systembalancen – Gleichgewicht und Rekursivität

Vielfach ist für Systeme eine Homöostasetendenz diskutiert worden. Die Verhältnisse sollen in einer bestimmten Stabilität, man könnte auch sagen: einem *Gleichgewicht* erhalten bleiben. Aber es braucht auch Innovationskraft dafür, ein Gleichgewicht etwa mit neuen Produkten wiederherzustellen, falls es in einem Unternehmensbereich zu Ausfällen kommt. Durch die vielfältigen Veränderungen der Organisationsumwelt sind alle Maximierungsideen etwa bezüglich Gewinn einseitig, denn sie bedeuten Ausblenden von Risiken. Interessant ist da auch die Unterscheidung zwischen von außen kommenden und selbst herbeigeführten Störungen. Letztlich wird die Verwundbarkeit oder die Antifragilität (Taleb 2012) innerhalb des Systems hergestellt. Eine hohe Widerstandsfähigkeit kann zu einer raschen Rückkehr des Systems in einen stabilen Zustand führen. Aber auch längere Wege und neue Gleichgewichte sind zu beachten (Heller 2019). Bei der *Rekursivität* geht es darum, wie sich bestimmte Prinzipien in einer Organisation wiederholen (Beer 2001). Eine Organisation mit einheitlichen Prinzipien ist besser auf Veränderungen vorbereitet als eine ohne diese Ausrichtung. Die Transaktionsanalyse nutzt hier ein sehr systemisches Konzept, das der sogenannten Parallelprozesse, der Erkenntnis, dass sich in verbundenen Systemen ähnliche Grundthemen zeigen. Dies gibt es in negativer Form, es ist allerdings auch in positiver Form zu nutzen, indem auf dem Wege der fraktalen Beratung (Kreyenberg 2005; Schmid 2014) in Einzelbereichen eines Systems organisationsentwicklerisch positive Impulse gesetzt werden.

3.2.4 Systempulsation – Äußere und innere Pulsation

Ganz entscheidend für das, was eine Organisation für die Mitarbeiter ausstrahlt, ist ihr Verhalten an den Grenzlinien des Systems (Berne 2001), der äußeren Systemgrenze und den inneren Grenzlinien. Wie werden von außen Ideen aufgenommen oder neue eigene generiert? Wie ist das Verhalten an der Außengrenze des Systems? Die sogenannte *Systempulsation*, die Form des »Atmens« an der Außengrenze und den inneren Grenzlinien des Systems erweist sich hier als ausschlaggebend. Ist die Außengrenze eines Systems so, dass die Menschen sich zugehörig fühlen und eine einigermaßen sichere Basis in der Organisation haben? Oder fühlen sie sich vom Ausschluss der Zugehörigkeit bedroht? Dies zeigt sich bei großen Veränderungsprojekten (Mohr u. Dielmann 2006). Ebenso sieht es bei den inneren Grenzlinien zwischen den Subsystemen (Bereichen, Abteilungen, Ethnien, Männern/Frauen …) einer Organisation aus. In Organisationen liegen immanente Interessengegensätze vor. Dies führt dazu, andere Subsysteme des Unternehmens als Gegner oder Feinde anzusehen, wenn keine konstruktiven, gemeinschaftbildenden Institutionen vorhanden sind. Die betreffende Organisation ist gefährdet. Die äußere Grenze eines Systems bestimmt, wie leicht Ressourcen herein- und hinausgehen können. Ist die Organisation attraktiv für gutes Personal? Hat man den Markt im Auge und weiß, was der Kunde will? Bei der inneren Pulsation geht es darum, wie die inneren Subgruppen des Systems aufgestellt sind, etwa die Stakeholder eines Unternehmens. Können sie zum Erhalt und zur Entwicklung beitragen, oder sind sie selbst gefährdet? Wisner und Luce (1993) zeigen den Zusammenhang zwischen individueller und systemischer Vulnerabilität: Oftmals sei es nicht das System per se, welches verwundbar ist, sondern einzelne Menschen oder Untergruppen, denen die Ressourcen fehlen, im Krisenfall schützende und wiederaufbauende Qualitäten zu mobilisieren. Dies ist in Zeiten von Fachkräftemangel ein großes Problem. Der Zustand dieser Subsysteme, die die *innere Pulsation* eines Systems ausmachen, ist also von fundamentaler Bedeutung für die Widerstandsfähigkeit des Gesamtsystems.

Um das in Organisationen neue Ziel »Resilienz« zu fördern, ist es sinnvoll, auf die einzelnen Dynamiken der Organisation zu schauen (Mohr 2017), weil vom Systemischen her ein einfaches Urteil darüber, was für eine Organisation sinnvoll ist, sehr problematisch wäre, denn jedes System schafft sich seine eigene Wirklichkeit.

Betrachtet man jedoch einzelne Dynamiken und welche Fokussierungen wünschenswert wären, kann man sich dem System nähern. In der praktischen Entwicklungsarbeit einer Organisation sind sie absolut zu konkretisieren, da jede Organisation in andere Systeme – wie die Gesellschaft – eingebettet ist und unter diesem Gesichtspunkt die als »wünschenswert« bezeichneten Kriterien recht allgemein formuliert sind.

Dynamikfelder	Die zehn Systemdynamiken	»Wünschenswertes«
Systemstruktur	1. Dynamik der Aufmerksamkeit	In der Hauptaufmerksamkeit sind die relevanten Punkte der Organisation. Normatives, strategisches und operatives Management sind beachtet. Das, was die Hauptaufmerksamkeit genießt, ist kompatibel mit der Zielsetzung der Organisation.

Dynamik-felder	Die zehn Systemdynamiken	»Wünschenswertes«
	2. Dynamik der Rollen	Die Rollenstruktur der Organisation hat den angemessenen Differenzierungsgrad. Rollenkompetenzen sind für die Rollen angemessen. Rollen verändern sich entsprechend der inneren und äußeren Anforderungen der Organisation.
	3. Dynamik der Beziehungen	Beziehungen auf der Rollen- und der Personenebene tragen zum Gedeihen der Organisation und der Menschen bei. Die Grundbotschaften auf Rollen- und Personenebene sind würdigend und wertschätzend.
System-prozesse	**4. Kommunikations-dynamiken**	Vorhandene Kommunikationsmuster und ihre Veränderungen nützen der Organisation und den Menschen in ihrer Entwicklung.
	5. Problemlöse-dynamiken	Problemidentifizierung und Lösung bringen die Organisation voran. Bezugsrahmen von »Problemen« sind realistisch im Bezug auf die Aufgaben.
	6. Erfolgs-dynamiken	Erfolg ist klar, realistisch und motivierend formuliert. Erfolge werden deutlich wahrgenommen und benannt. Kritische Entwicklungen/Misserfolge werden analysiert und als Lern- und Veränderungschance genutzt.
System-balancen	**7. Dynamik der Gleichgewichte**	Stabilität und Wandel existieren beide in ausreichender Form. Gleichgewichte der Vergangenheit werden wahrgenommen und illusionslos betrachtet, die Gegenwart ist im Fokus, Gleichgewichte der Zukunft (Vision, strategische Ziele) sind realistisch.
	8. Dynamik der Rekursivität	Wiedererkennbare Prinzipien sind auf unterschiedlichen Ebenen der Organisation verwirklicht.

Dynamikfelder	Die zehn Systemdynamiken	»Wünschenswertes«
Systempulsation	**9. Äußere Systempulsation** (äußere Grenzlinien/ Offenheit/ Geschlossenheit)	An der äußeren Grenzlinie zeigt das System die angemessene Offen- und Geschlossenheit. Maßnahmen für ein »angemessenes« Maß an Offenheit und Geschlossenheit sind vorhanden.
	10. Innere Systempulsation (innere Grenzlinien/ Subsysteme)	Die Subsystemstruktur der Organisation ist der inneren Aufgaben- und Arbeitsteilung sowie den äußeren Markterfordernissen angemessen.

Tab. 4: Wünschenswerte Systemdynamiken (Quelle: Mohr 2006)

3.2.5 Fallbeispiel

Ich führte ein Organisationsentwicklungsprojekt in einer Fabrik durch, deren Produktionsleistung als zu schlecht eingeschätzt wurde. Nachdem andere Lösungsversuche wie Führungstrainings nicht die erhofften Verbesserungen gebracht hatten, habe ich meine Methode der Systemdynamiken verwendet. Nach Explorationsinterviews kam der von mir entwickelte Fragebogen SCISOA zum Einsatz. Damit können relevante Systemdynamiken ermittelt werden. In den zentralen Dimensionen Rollen und Beziehungen kamen unterdurchschnittliche Werte zum Vorschein. Damit zeigten diese Dimensionen das größte Potenzial für Verbesserungen. Ich entschied mich für die Methoden Shadowing und Multilevelcoaching. Beim Shadowing geht der Coach in die Organisation, in diesem Falle eine Fabrik, hinein und gibt unmittelbares Feedback. Eine Analyse der Aufmerksamkeitszentrierung ergab, dass man bisher versucht hatte, mit Veranschaulichung der Probleme zu Lösungen zu motivieren. Veranschaulichungen haben eine hohe Motivationskraft. Daher sollten nicht negative, sondern positive Beispiele veranschaulicht werden. Das habe ich getan. Bilder aus Fabriken von anderen Standorten zeigten eine aufgeräumte, saubere Fabrik. Entsprechend war die Eingangstransaktion bei jeder Neubegegnung nicht »Was ist das Problem?«, sondern »Worauf sind Sie stolz bei der Arbeit? Was würden Sie Ihrem kleinen Sohn in der Fabrik zeigen?« Dies ergab eine andere Beziehungsqualität. Eine genaue Exploration erbrachte dann: Bei den vier im Konzern und in der Fabrik beteiligten Ebenen waren die unterschiedlichen Aufgaben in der vertikalen Teamarbeit nicht klar. Kommunikation und Erfolgsdefinition waren gut entwickelt. Man kommunizierte viel und direkt. Es war aber aufgrund der unklaren Rollenbeziehungen nicht unbedingt zielführend. Bezüglich der Erfolgsdynamik gab es klare Kriterien: die Produktionszahl und die Qualität der Produkte, Letztere gemessen anhand der Kundenreklamationen. Die Dimension »Rollen und Beziehung« ließen sich sehr gut am Beispiel der Zuordnung von Verantwortung für bestimmte Aufgaben fokussieren. Dies zeigte sich bei der Delegation. So war es beispielsweise einer der Werkleiter gewöhnt, Dinge, die irgendwo herumlagen, bei seinen Rundgängen aufzuheben und an den richtigen Platz zu legen. Er rechtfertigte dies damit, dass er ja dadurch ein gutes Vorbild abgebe. Danach gefragt, wer eigentlich dafür verantwortlich sei, sagte er: ein Arbeiter. Dies wurde dann nach einigem Widerstand verändert. Ein Problem waren häufige Störfälle bei einer Maschine. Ich nahm auch an Sitzungen mit den Monteuren teil, die untereinander zum Teil sehr zerstritten waren (Beziehungsdynamik), und trug zur Mediation bei. Eine weitere Intervention bezog sich auf die Dimension »Problemlösung«. Mir war aufgefallen, dass an den Stellwänden im Betrieb negative Bilder von ungeordneten Bereichen aufgehängt waren. Ich ließ stattdessen positive (Vor-)Bilder von Schwesterfabriken im befreundeten Ausland (Polen, Tschechien) aufhängen. Von dieser Art Interventionen gab es jede Menge. Ich verließ dann nach drei Tagen die Fabrik, »bis in drei Monaten«. Kurz vor der zweiten Shadow-Woche rief ich vorsichtig an, ob sich irgendetwas verändert habe. Der deutsche Produktionsleiter sagte »Durchaus, die Produktionszahlen sind durch die Decke gegangen.« »You healed the machine«, ergänzte der englische Werkleiter. Ich freute mich, war aber unsicher, welche Intervention genau dafür verantwortlich war. Entsprechend versuchte ich mit den Leuten herauszuarbeiten, was geholfen hatte. Denn vom Standpunkt der Bewusstheit und Beeinflussbarkeit ist es sinnvoll zu wissen, wodurch positive Veränderungen erzielt werden. Es stellte sich heraus: Die Mediationen zu Konflikten und Meetings mit den Elektrikern und Schlosser zur nachhaltigeren Reparatur von Schäden ist die entscheidende Intervention gewesen.

Für die Arbeit mit Systemdynamiken, die Kombination von systemischer Perspektive mit TA, liegen mittlerweile eine Menge Praxiserfahrungen in Unternehmen, öffentlichen Organisationen bis hin zu Kirchengemeinden vor. Ein frei verfügbarer Fragebogen (Scoring Instrument for the Systemic Organisational Analysis) lässt sich für die Klienten- wie auch für die Beraterperspektive nutzen (Mohr 2010).

3.3 Systemische Transaktionsanalyse am Beispiel des politischen Kontextes

Politische Kontexte haben ganz besondere Bezugsrahmen. Sie funktionieren nach eigenen Regeln. Sie sind von denen des Privatlebens, aber auch der Wirtschaft sehr unterschiedlich. Durchsetzen von eigenen Positionen, Darstellung vor dem Wahlvolk, aber auch Treue zu Kompromissen in Koalitionsverhandlungen spielen eine wichtige Rolle. Es sind zum Teil widersprüchliche Ziele, die angestrebt werden, und das systemische Driften wird hier sehr stark erlebt. Kurz möchte ich hier zwei Konzepte der systemischen TA betonen: Bezugsrahmen und Rollenwelten. Die Bezugsrahmentheorie (Schiff et al. 1975; Schmid 2003), die die Art, wie Wirklichkeiten konstruiert werden, mit Wertung/Abwertung, Aktivität/Passivität/Grandiosität beschreibt, eignet sich hervorragend für die Analyse des politischen Prozesses. Etwa wird gerne das eigene Bild von der Realität als überlegen dargestellt. Man versucht, in eine herrschende Position zu gelangen. Beziehungsmäßig bedeutet dies eine ständige gekreuzte Transaktionswelt, indem jede Partei in die dominante Position des strukturierenden Eltern-Ich zu kommen versucht. Es entsteht eine konkurrierende Symbiose (Schiff et al. 1975). Entsprechend geben auch die Spieltheorie, die Zwickmühlentheorie (Schmid u. Jäger 1986) und das Powerplay-Konzept (Steiner 1998) wichtige Anregungen, was in solch umstrittenen Themenbereichen mit echten Problemen, aber auch vielen Interessengruppen passiert. Für die Gemengelage ist auch das geeignet, was man im transaktionsanalytischen Lernprozess der vielen Supervisionen lernt, nämlich innerlich achtsam wahrzunehmen, wie der eigene Assoziations- oder auch Dissoziationsprozess bei Themen abläuft. Wo hängt man wirklich sein Herz dran, und wo ist es schnell verloren? Und im Verhalten auf der äußeren Bühne müssen Kooperations- und Kompromissfähigkeit immer wieder errungen werden. Das Rollenweltenkonzept von Schmid (1994), insbesondere in seiner Erweiterung um Gemeinwesen- und Konsumentenrolle (Mohr 2015), gibt gute Anregungen für die praktische Orientierung. Politische Mandatsarbeit ist realisierte Gemeinwesenrolle. Ich hatte, als ich diese Modellerweiterung vorschlug, schon im Hinterkopf, dass die Individualisierungsstrategie in Privat- und Berufswelt (Organisationsrolle und Professionsrolle) den Menschen insbesondere in seinen gesellschaftlichen Bezügen und Herausforderungen zu wenig abbildet. Gemeinwesenengagement ist notwendig. Demokratie kann nicht bedeuten, alle vier Jahre seine Stimme abzugeben, sonst bekommt das »Abgeben« einen merkwürdigen Sinn. Eine Rolle im Sinne der systemischen Transaktionsanalyse ist ein kohärentes Muster aus Denken, Fühlen, Verhalten mit zugehörigen Beziehungen und Wirklichkeitsvorstellungen. Auf die Gemeinwesenrolle »Politiker« übertragen, wird, wenn man sich die Definitionsmerkmale vergegenwärtigt, die oft kritisierte Abgehobenheit von Politikern deutlich. Durch die permanente Konkurrenz- und Kampfsituation, in der Politiker stehen, sowie die weitgehende Verrechtlichung aller praktischen politischen Schritte entsteht eine eigene Welt, zu der Bürger aus ihrer Privatrolle heraus kaum Zugang haben. Hier müsste es darum gehen, die permanente Konkurrenzsituation, aber auch das Verrechtlichte zugunsten von Kooperation und einer anderen Sprache, vielleicht vergleichbar der »einfachen Sprache«, zu verändern. Versuche in dieser Richtung gab es in der Bewegung zum »aktivierenden Staat« (Weigel 2012).

Ausblick

Systemische Transaktionsanalyse ist die Integration zweier Linien der psychologischen Methoden. Sie ist damit gut vorbereitet für die Aufgaben des 21. Jahrhunderts. Denn im 21. Jahrhundert ist in Europa und Amerika die Reparatur von durch repressive Erziehung entstandenen neurotischen Mustern, die Befreiung von den Eltern, nicht mehr die Hauptzielrichtung einer psychologischen Veränderungsmethode, sondern das Ermitteln von Orientierung. Dafür ist die systemische TA gut geeignet.

Anhang

Vergleich	Analytische Psychologie von C. G. Jung	Transaktionsanalyse
1. Menschenbild	*Psychodynamisches Verständnis:* Unbewusste Ebenen des persönlichen und kollektiven Unbewussten bestimmen den Menschen sehr stark.	*Humanistische Psychologie:* Der Mensch ist positiv orientiert, kann reflektieren und entscheiden.
2. Person und Unterschiede	*Persönlichkeits-Typen* in polaren Dimensionen: Extravertiertes – introvertiertes Denken – gefühlsmäßige Bewertung Präzise Wahrnehmung – Intuition *Archetypen:* Guter Vater, Helfer, Held, Märtyrer …	*Ich-Zustände* *Skriptthemen* (Existenz, Eigenart, Nähe, Fühlen, Denken, Gesundheit, Erfolg, …) Episkript, Mehrgenerationenskript *Skriptprozessmuster* (»Erst wenn …«)
3. Beziehung und Kommunikation	*Übertragung der inneren Bilder* in die aktuelle Kommunikation	Einsatz der persönlich bevorzugten funktionalen Ich-Zustände *Muster* (Spiele) inszenieren Skript Symbiose als Verantwortungsverschiebung
4. Entwicklung und Veränderung	*Persönliche Individuation* (Lebensentfaltung in jedem Lebensalter)	*Erwachsenen-Ich-Stärkung* (Hier-und-Jetzt-Bezug) *Skriptarbeit* (Autonomie = Bewusstheit, Flexibilität, Bezogenheit und Verantwortung)

Vergleich	Analytische Psychologie von C. G. Jung	Transaktionsanalyse
5. Kontext und Systembezug		*Funktionale Ich-Zustände* sehr stark kontextabhängig *Bezugsrahmen* steuert Ich-Zustände *Systemdynamiken* *Feldspezifität* (Therapie, Pädagogik, Beratung, Organisationsentwicklung)
6. Professionsmethoden	Vorwiegend *Unbewusstes bewusst machen* (Deutung)	*Vertrag* *8 Techniken* (Selbst-)Beeltern

Tab. 5: Vergleich der Theorie von C. G. Jung mit der Transaktionsanalyse (Quelle: Mohr 2010)

Vergleich	Hypnotherapie von Milton Erickson	Transaktionsanalyse
1. Menschenbild	Der Mensch ist Produkt seiner persönlichen Lerngeschichte und hat *unendlich viele ungenutzte Ressourcen (= das Unbewusste bei M. Erickson)*	*Humanistische Psychologie:* Der Mensch ist positiv orientiert, kann reflektieren und entscheiden.
2. Person und Unterschiede	*Persönliche Lerngeschichte* entscheidend *Unbewusste Ebene* bildet Einschränkungen und Potenziale ab	*Ich-Zustände* *Skriptthemen* (Existenz, Eigenart, Nähe, Fühlen, Denken, Gesundheit, Erfolg ...) Episkript, Mehrgenerationenskript *Skriptprozessmuster* (»Erst wenn ...«)
3. Beziehung und Kommunikation	*Unbewusste Ebenen bestimmen Kommunikation* und Beziehung (z. B. Suggestionen; indirekte)	Einsatz der persönlich bevorzugten funktionalen Ich-Zustände *Muster* (Spiele) inszenieren Skript Symbiose als Verantwortungsverschiebung
4. Entwicklung und Veränderung	Nutzung *Übertragung bisheriger unbewusst abgespeicherter Lernerfahrungen* für aktuelle Themen	*Erwachsenen-Ich-Stärkung* (Hier-und-Jetzt-Bezug) *Skriptarbeit* (Autonomie = Bewusstheit, Flexibilität, Bezogenheit und Verantwortung)

Vergleich	Hypnotherapie von Milton Erickson	Transaktionsanalyse
5. Kontext und Systembezug	*Kontext (Umfeld, System, Gebäude) kommuniziert* auch deutlich, aber unmerklich	*Funktionale Ich-Zustände* sehr stark kontextabhängig *Bezugsrahmen* steuert Ich-Zustände *Systemdynamiken* *Feldspezifität* (Therapie, Pädagogik, Beratung, Organisationsentwicklung)
6. Professionsmethoden	Trance und andere *Verfahren zur Weckung der unbewussten Potenziale*	*Vertrag* *8 Techniken* *(Selbst-)Beeltern*

Tab. 6: Vergleich der ericksonschen Hypnotherapie mit der Transaktionsanalyse (Quelle: Mohr 2010)

Vergleich	Systemische Theorie	Transaktionsanalyse
1. Menschenbild	*Konstruktivismus/ Systemeingebundenheit:* Der psychische Mensch ist ein Systembestandteil und darauf basierendes Konstrukt der Selbstorganisation.	*Humanistische Psychologie:* Der Mensch ist positiv orientiert, kann reflektieren und entscheiden.
2. Person und Unterschiede	Der Einzelne ist *Produkt seiner Kontextbedingungen* (selbst extreme Störungen wie Schizophrenie sind so bedingt). Systemkontexte haben Themen und vergeben darin Aufgaben und Rollen.	*Ich-Zustände* *Skriptthemen* (Existenz, Eigenart, Nähe, Fühlen, Denken, Gesundheit, Erfolg ...) Episkript, Mehrgenerationenskript *Skriptprozessmuster* (»Erst wenn ...«)
3. Beziehung und Kommunikation	Die *Art der Kommunikation* hält das System aufrecht. Beziehung entsteht, wenn sich selbstregulierende Systeme ankoppeln können.	Einsatz der persönlich bevorzugten funktionalen Ich-Zustände *Muster* (Spiele) inszenieren Skript Symbiose als Verantwortungsverschiebung
4. Entwicklung und Veränderung	Äußere und innere *neue Kontextbedingungen* entwickeln und verändern Systeme und Menschen.	*Erwachsenen-Ich-Stärkung* (Hier-und-Jetzt-Bezug) Skriptarbeit (Autonomie = Bewusstheit, Flexibilität, Bezogenheit und Verantwortung)
5. Kontext und Systembezug	Der *subjektiv relevante Kontext* und der relevante Systembezug sind alles.	*Funktionale Ich-Zustände sehr stark kontextabhängig* *Bezugsrahmen* steuert Ich-Zustände *Systemdynamiken* *Feldspezifität* (Therapie, Pädagogik, Beratung, Organisationsentwicklung)

Vergleich	Systemische Theorie	Transaktionsanalyse
6. Professionsmethoden	*Vernetzung hinterfragen* *Ankoppelung* an neue relevante Systeme Muster *unterbrechen*	*Vertrag* *8 Techniken* *(Selbst-) Beeltern*

Tab. 7: Vergleich der klassischen systemischen Theorie mit der Transaktionsanalyse (Quelle: Mohr 2010)

Literatur

Adler, A. (1920/1974): Praxis und Theorie der Individualpsychologie. Frankfurt a. M. (Fischer).

Allen, J. (2003): Concepts, competencies, and interpretive communities. *Transactional Analysis Journal* 33 (2): 126–147.

Ausubel, D. P. (1963): The psychology of meaningful verbal learning. New York (Grune & Stratton).

Balling, R. (1989): Manipulation, Motipulation, Motivation. Oder »Wie kriege ich deine Arbeitskraft?«. *Zeitschrift für Transaktionsanalyse* 2–3: 109–119.

Balling, R. (2005): Diagnosis of organisational cultures. *Transactional Analysis Journal* 4: 313–320.

Bateson, G. (1987): Steps to an ecology of mind. Northvale, NJ/London (Jason Aronson). Verfügbar unter: http://shifter-magazine.com/wp-content/uploads/2015/11/gregory-bateson-steps-to-an-ecology-of-mind-1.pdf [15.10.2019].

Beekum, S. van (2006): The relational consultant. In: G. Mohr a. T. Steinert (Hrsg.): Growth and change in oganizations. Transactional analysis – new developments 1995–2006. Bonn (Kulturpolitische Gesellschaft), pp. 12–31.

Beer, S. (1994): Beyond dispute: The invention of team syntegrity. (Managerial cybernetics of organization) New York (Wiley).

Beer, S. (2001): Presentation at the first World Congress for Systemic Management (Wien, 1.–6. Mai.) [Audio-Cassette] Münsterschwarzach (Auditorium).

Benelli, E., E. Moretti, G. C. Cavallero, G. Greco, V. Calvo, S. Mannarini, A. Palmieri a. M. Widdowson (2017): TA treatment of depression: A hermeneutic single-case efficiacy design study – »ANNA«. *International Journal for Transactional Analysis Research* 8 (1): 3–20.

Berne, E. (1961): Transactional analysis in psychotherapy. New York (Ballantine). [Dt. (2001): Die Transaktionsanalyse in der Psychotherapie. Paderborn (Junfermann).]

Berne, E. (1963): The structure and dynamics of groups and organisations. Philadelphia (Lippincott). [Dt. (1979): Struktur und Dynamik von Gruppen und Organisationen. München (Kindler)].

Berne, E. (1964): Games people play. New York (Ballantine). [Dt. (1967): Spiele der Erwachsenen. Reinbek bei Hamburg (Rowohlt).]

Berne, E. (1966): Principles of group treatment. Menlo Park, CA (Shea). [Dt. (2005): Grundlagen der Gruppenbehandlung. Paderborn (Junfermann).]

Berne, E. (1972): What do you say after you say hello? The psychology of human destiny. London (Corgi). [Dt. (1975): Was sagen Sie, nachdem Sie Guten Tag gesagt haben? München (Kindler).]

Binder, T. (2010): Wie gut verstehen Berater ihre Kunden? In: S. Busse u. S. Ehmer (Hrsg.): Wissen wir, was wir tun? Göttingen (Vandenhoeck & Ruprecht), S. 104–132.

Bohm, D. (2004): On dialogue. London (Routledge).

Boszormenyi-Nagy, I. u. G. Spark (1973): Invisible loyalities. New York (Harper & Row).

Buber, M. (1983): Ich und Du. Heidelberg (Lambert Schneider).

Christoph-Lemke, C. u. T. Weil (1997): Antwort auf Leonhard Schlegel »Was ist Transaktionsanalyse?«. *Zeitschrift für Transaktionsanalyse* 14 (12): 43–55.

Clarkson, P. (1996): Transaktionsanalytische Psychotherapie. Freiburg im Br. (Herder).

Cornell, W. F. (2003): What I am getting myself into? *Transactional Analysis Journal* 33: 4–14.

Cornell, W. F. (2006): Another perspective on the therapist's stance. *The Script* 36 (3): 4.

Cornell, W. F., A. de Graaf, T. Newton a. M. Thunnissen (2016): Into TA – A comprehensive textbook on Transactional Analysis. London (Karnac).

Dehner, R. u. U. Dehner (2015): Introvision – Die Kunst, ohne Stress zu leben. Freiburg im Br. (Kreuz).

Dehner, U. (2001): Die alltäglichen Spielchen im Büro. Frankfurt a. M. (Campus).

De Luca, M. L. a. M. T. Tosi (2011): Social-cognitive Transactional Analysis: An introduction to Pio Scilligo's Model of Ego States. *Transactional Analysis Journal* 41 (3): 206–220.

De Shazer, S. (1990): Der Dreh. Überraschende Wendungen und Lösungen in der Kurzzeittherapie. Heidelberg (Carl-Auer), 14. Aufl. 2019.

Drego, P. (1993): Ego states paradigms and models. *Transactional Analysis Journal* 23 (1): 5–29.

Drego, P. (2005): Acceptance speech on receiving the 2004 Eric Berne Memorial Award. *Transactional Analysis Journal* 35 (1): 7–30.

English, F. (1976a): Racketeering. *Transactional Analysis Journal* 6: 78–81.

English, F. (1976b): Transaktionsanalyse und Skriptanalyse. (Aufsätze und Vorträge von F. English, hrsg. v. H. Petzold u. M. Paula.) Salzhausen (Iskopress).

English, F. (1977). What shall we do tomorrow? Reconceptualizing transactional analysis. In: G. Barnes (ed.): Transactional analysis after Eric Berne. New York (Harper's College Press), pp. 287–347.

English, F. (2001): Family influences and unconscious drives: Motivators for career choices. *Career Planning and Adult Development Journal* 17 (2): 19–26. Verfügbar unter: http://www.fanita-english.com/fileadmin/fanita_content/downloads/unconsciousdrivesreimaged.pdf [15.10.2019].

English, F. (2003): Transaktionsanalyse: Gefühle und Ersatzgefühle in Beziehungen. Salzhausen (Iskopress).

Erskine, R. G. (2010): Life scripts – A transactional analysis of unconscious relational patterns. London (Karnac).

Erskine, R. G., P. Clarkson, R. L. Goulding, M. G. Groder a. C. Moiso (1988): Ego states theory: Definitions, descriptions, and points of view. *Transactional Analysis Journal* 18: 6–14.

Erskine, R. G., J. P. Moursund a. R. L. Trautmann (1999): Beyond empathy: A therapy of contact-in-relationship. Philadelphia (Brunner-Routledge).

Erskine, R. G. a. M. Zalcman (1979): The racket system. *Transactional Analysis Journal* 1(9): 51–59.

Federn, P. (1953): Ego psychology and psychosis. New York (Basic Books). [Dt. (1978): Ichpsychologie und die Psychosen. Frankfurt a. M. (Suhrkamp).]

Felber, C. (2010): Die Gemeinwohlökonomie. Wien (Deutike).

Festinger, L. (1957/1978): Theorie der kognitiven Dissonanz. Bern (Huber).

Folke, C., S. R. Carpenter, B. Walker, M. Scheffer, T. Chapin a. J. Rockstrom (2010): Resilience thinking: Integrating resilience, adaptability, and transformability. *Ecology and Society* 15 (4): 20. Verfügbar unter: https://www.ecologyandsociety.org/vol15/iss4/art20/ [30.10.2019].

Fox, E. M. (1975): Eric Berne's theory of organizations. *Transactional Analysis Journal* 5 (4): 345–353.

Franz, H. W. u. R. Kopp (2003): Kollegiale Fallberatung. Bergisch Gladbach (EHP – Edition Humanistische Psychologie).

Freud, S. (1941/1999): Abriss der Psychoanalyse. Frankfurt a. M. (Fischer).

Fritzsche, K. u. W. Hartman (2014): Einführung in die Ego-State-Therapie. Heidelberg (Carl-Auer), 4. Aufl. 2019.

Frühmann, E. (1978): Neuere Psychotherapiemethoden II. In: H. Strotzka (Hrsg.): Psychotherapie. München u. a. (Urban & Schwarzenberg), S. 354–375.

Gabriel, M. (2017): Ich ist nicht Gehirn. Philosophie des Geistes für das 21. Jahrhundert. Berlin (Ullstein).

Glöckner, A. (1992): Das Energiekonzept von E. Berne. *Zeitschrift für Transaktionsanalyse* 9 (2–3): 59–89.

Goulding, M. M. u. R. L. Goulding (2005): Neuentscheidung: Ein Modell der Psychotherapie. Stuttgart (Klett-Cotta), 7. Aufl.

Govinda, Anagarika (2007): Der Weg der weißen Wolke. Erlebnisse eines buddhistischen Pilgers in Tibet. München (Barth).

Groff, S. (2018): Topographie des Unbewussten. Stuttgart (Klett-Cotta), 12. Aufl.

Gyatsho, T. (2009). Frankfurt a. M., 30.7.–2.8.2009.

Hargarden, H. a. W. Cornell (2005): From transactions to relations: The emergence of a relational tradition in Transactional Analysis. London (Haddon).

Hargarden, H. a. C. Sills (2002): Transactional Analysis: A relational perspective. Hove, GB (Brunner-Routledge).

Harris, T. A. (1973): Ich bin o. k. – Du bist o. k. Reinbek bei Hamburg (Rowohlt).

Hauser, H. G. (1991): Unternehmenskultur aus transaktionsanalytischer Sicht. *Zeitschrift für Transaktionsanalyse* 8 (4): 179–192.

Hay, J. (1993): Working it out at work. Watford (Sherwood).

Hay, J. (2006): Developmental TA. In: G. Mohr a. T. Steinert (eds.): Growth and change for Organizations. Bonn (Kulturpolitische Gesellschaft), S. 62–78.

Heller, J. (Hrsg.) (2019): Resilienz für die VUCA-Welt. Heidelberg (Springer).

Hennig, G. u. G. Pelz (2002): Lehrbuch der Transaktionsanalyse. Paderborn (Junfermann).

Henrich, N. a. J. Henrich (2007): Why humans cooperate: A cultural and evolutionary explanation. Oxford (Oxford University Press).

Hewitt, G. (1995): Cycles of psychotherapy. *Transactional Analysis Journal* 25 (3): 200–207.

Hewitt, G. (2003): Cycles of supervision. (Presentation at the ITAA-Conference, Oaxaca, Mexico.)

Höher, F. (2018): Menschliche Resilienz in Unternehmen – Dialog als Ressource. Opladen u. a. (Barbara Budrich).

Horn, E. K., R. Verheul, M. Thunnissen et al. (2015): Effectiveness of short-term inpatient psychotherapy based on Transactional Analysis with patients with personality disorders: A matched control study using propensity score. *Journal of Personality Disorders* 29 (5): 663–683.

Jäger, W. (2010): Die Welle ist das Meer. Freiburg im Br. (Kreuz).

James, M. (1975): The O.k.-Boss. Reading, MA (Addison-Wesley).

James. M. u. D. Jongeward (1974): Spontan leben. Übungen zur Selbstverwirklichung. Reinbek bei Hamburg (Rowohlt). [Am. Orig.: (1971): Born to win. Reading, MA (Addison-Wesley).]

Kahler, T. (1977): The miniscript. In: G. Barnes (ed.): Transactional Analysis after Eric Berne. Teaching and practices of three TA schools. New York (Harpers), pp. 223–256. [Dt. (1977): Das Miniskript. In: G. Barnes et al. (Hrsg.): Transaktionsanalyse seit Eric Berne. Bd 2. Berlin (Institut für Kommunikationstherapie), S. 91–132.]

Kahler, T. a. H. Capers (1974): The miniscript. *Transactional Analysis Journal* 4 (1): 26–24.

Karpman, S. (1968): Fairy tales and script drama analysis. T*ransactional Analysis Bulletin* 7 (26): 39–43.

Kelly, G. A. (1955): The psychology of personal constructs. Vol. 1: A theory of personality. Vol. 2: Clinical diagnosis and psychotherapy. Oxford (W. W. Norton).

Kohlrieser, G. (2005): Leadership. (Vortrag im Rahmen einer Veranstaltung des Institute for Management Development [IMD]) in Basel, Dezember 2005.)

Kohlrieser, G., S. Glodsworthy a. D. Combe (2012): Care to dare: Unleashing astonishing potential through secure base leadership. New York (Jossey-Bass).

Kolb, D. (1984): Experiential learning. New Jersey (Prentice Hall).

Köster, R. (1999): Von Antreiberdynamiken zur Erfüllung grundlegender Bedürfnisse. *Zeitschrift für Transaktionsanalyse* 16 (4): 145–169.

Kreyenberg, J. (2003): Arbeitsstil- und Kommunikationsanalyse mit Hilfe des Konzepts »Antreiber« (AKA). *Zeitschrift für Transaktionsanalyse* 1: 64–73.

Kreyenberg, J. (2005): Transactional Analysis in organizations as a systemic constructivist approach. *Transactional Analysis Journal* 35 (4): 300–310.

Laloux, F. (2015): Reinventing Organizations: Ein Leitfaden zur Gestaltung sinnstiftender Formen der Zusammenarbeit. München (Vahlen).

Lankton, S., S. Lankton a. M. Brown (1981): Psychological level communication in Transactional Analysis. *Transactional Analysis Journal* 11 (4): 287–299.

Laugerie, M. (2006): Transactional Analysis and emerging change, the keys to hierarchial dialogue. In: G. Mohr u. T. Steinert (Hrsg.): Growth and change for organizations. Bonn (Kulturpolitische Gesellschaft).

Levine, P. (2008): Healing trauma. Boulder, CO (Sounds True).

Libet, B. (1999): Do we have a free will? *Journal of Consciousness Studies* 6 (8–9): 47–57.

Little, R. (2005): Integrating psychoanalytic understandings in the deconfusion of primitive child ego states. *Transactional Analysis Journal* 35 (2): 132–146.

Loevinger, J. (1985): Revision of the sentence completion test for ego development. *Journal of Personality and Social Psychology* 48 (2): 420–427.

Luhmann, N. (2000): Organisation und Entscheidung. Opladen (Westdeutscher Verlag).

Maslow, A. (1970): Motivation and personality. New York (Harper).

Massey, R. F. (1985): TA as a family systems therapy. *Transactional Analysis Journal* 15 (2): 120–141.

Maturana, H. u. F. Varela. (1987): Der Baum der Erkenntnis. Hamburg (Scherz).

Mautsch, F. (2004): Vertragsarbeit – Wie kommen wir zu einem gemeinsamen Arbeitsbündnis? In: C. Rauen (Hrsg.): Coaching-Tools. Bonn (managerSeminare), S. 65–71.

Mazzetti, M. (2010): Eric Berne and cultural script. *Transactional Analysis Journal* 40 (3–4): 187–195.

Mehrabian, A. a. S. Ferris (1967): Inference of attitudes from nonverbal communication in two channels. *Journal of Consulting Psychology* 31: 248–252.

Milgram, S. (1974): Obedience to authority. An experimental view. New York (Harper). [Dt. (1997): Das Milgram-Experiment. Zur Gehorsamsbereitschaft gegenüber Autorität. Reinbek bei Hamburg (Rowohlt), 14. Aufl.

Mohr, G. (2000): Lebendige Unternehmen führen. Frankfurt a. M. (FAZ-Buchverlag).

Mohr, G. (2001): Neopsyche: Wie erwachsen ist das Ich? *Zeitschrift für Transaktionsanalyse* 18 (1–2): 42–59.

Mohr, G. (2003): Persönlichkeit: Das innere Team der Ich-Zustände. *Zeitschrift für Transaktionsanalyse* 20 (3): 234–238.

Mohr, G. (2005): Transactional analysis identity. *The Script* 35 (4): 1-3.

Mohr, G. (2006): Systemische Organisationsanalyse. Bergisch Gladbach (EHP – Edition Humanistische Psychologie).

Mohr, G. (2008): Coaching und Selbstcoaching mit Transaktionsanalyse. Bergisch Gladbach (EHP – Edition Humanistische Psychologie).

Mohr, G. (2009): »Ich-Zustände« – Die Einheits- und die Unterschiedstheorie. *Zeitschrift für Transaktionsanalyse* 3 (26): 199–218.

Mohr, G. (2010): Workbook Coaching und Organisationsentwicklung. Bergisch Gladbach (EHP – Edition Humanistische Psychologie).

Mohr, G. (2012a): Coaching mit dem Häuser-Modell. *Zeitschrift für Transaktionsanalyse* 29 (3): 187–194.

Mohr, G. (2012b): Pattern theory as a metaperspective for change. *Transactional Analysis Journal* 42 (2): 134–142.

Mohr, G. (2013): Achtsamkeitscoaching. Bergisch Gladbach (EHP – Edition Humanistische Psychologie).

Mohr, G. (2014): Eigenmediation mit dem Ichzustandsmodell – Vom Achtsamkeitszustand zur persönlichen Einmittung. In: S. Weigel (Hrsg.):

Theorie und Praxis der Transaktionsanalyse in der Mediation. Baden-Baden (Nomos), S. 211–229.

Mohr, G. (2015): Systemische Wirtschaftsanalyse. Bergisch Gladbach (EHP – Edition Humanistische Psychologie).

Mohr, G. (2017): Resilienzcoaching. Grevelsberg (EHP – Edition Humanistische Psychologie).

Mohr, G. (2018): Dialog und Resonanz – Alternative zur Menschine II. Hamburg (Tredition).

Mohr (2019): Resonanztransaktionen. Vortrag beim 39. Fachkongress der Deutschen Gesellschaft für Transaktionsanalyse, »Halt und Haltung«, Lindau: 10.5.2019.

Mohr G. a. A. Dielmann (2006): Deep cuts in organisations. In: Growth and change in organizations: transactional analysis; new developments 1995–2006, Bonn (Kulturpolitische Gesellschaft), pp. 284–299.

Mohr, G. a. T. Steinert (eds.) (2006): Growth and Change in Organizations. Transactional Analysis – New Developments 1995–2006. Bonn (Kulturpolitische Gesellschaft).

Moiso, C. M. (1985): Ego states and transference. *Transactional Analysis Journal* 15 (3): 194–201.

Mountain, A. a. C. Davidson (2005): Assessing systems and processes in organizations. *Transactional Analysis Journal* 4: 336–345.

Mountain, A. a. C. Davidson (2015): Working together – Organizational transactional analysis and business performance. Farnham, GB (Gower).

Moursund, J. P. a. R. G. Erskine (2004): Integrative psychotherapy – The art and science of relationship. Pacific Grove, CA (Brooks/Cole).

Napper, R. a. T. Newton (2000): Tactics. Ipswich (TA Resources).

Nelles, W. (2012): Umarme Dein Leben. Der Lebens-Integrations-Prozess. Köln (Innenwelt).

Newton, T. (2014): Der Resilienz-Zyklus: Eine Metapher und ihre Bedeutung. *Zeitschrift für Transaktionsanalyse* 2: 79–102.

Noriega, G. (2004): Codependence: A transgenerational script. *Transactional Analysis Journal* 34: 312–322.

Novellino, M. (1985): Redecision analysis of transference: A TA approach to transference neurosis. *Transactional Analysis Journal* 15: 202–206.

Novellino, M. (2003): On closer analysis: A psychodynamic revision of the rules of communication within the framework of transactional psychoanalysis. In: C. Sills a. H. Hargarden (eds.): Ego states. London (Karnac), pp. 149–168.

Novey, T. B. (2002): Measuring the effectiveness of transactional analysis: An international study. *Transactional Analysis Journal* 32: 8–24.

Ohlsson, T. (2010): Scientific evidence base for transactional analysis in the year 2010. *International Journal of Transactional Analysis Research* 1 (1): 4–11.

Oller-Vallejo, J. (1997): Integrative analysis of ego state models. *Transactional Analysis Journal* 27 (4): 290–294.

Oller-Vallejo (2003): Three basic ego states: The primary model. *Transactional Analysis Journal* 33 (2): 162–167.

Petersen, G. (1980): Transaktionsanalyse. In: H. W. Linster u. H. Wetzel (Hrsg.): Veränderung und Entwicklung der Person. Hamburg (Hoffmann und Campe), S. 264–291.

Poraj, A. (2016): EntTäuschung: Eine besondere Einführung in Zen. München (Kösel).

Preukschat, O. (2003): Warum gerade fünf? *Zeitschrift für Transaktionsanalyse* 1: 5–35.

Rath, I. (1992): Ansätze zur Entwicklung einer stimmigen Theorielandkarte der Transaktionsanalyse: Wissenschaftstheoretische Überlegungen zu den Grundlagen der Transaktionanalyse. *Zeitschrift für Transaktionsanalyse* 9 (2–3): 90–120.

Rhadakrishnan, T. S. (2006): TA in India. In: G. Mohr a. T. Steinert (eds.): Growth and Change for Organizations. Transactional Analysis – New Developments 1995–2006. Bonn (Kulturpolitische Gesellschaft), pp. 173–218.

Ricard, M. (2009): Glück. München (Knaur).

Rijn, B., C. Wild a. P. Moran (2011): Evaluating the outcomes of transactional analysis psychotherapy and integrative counselling psychology within UK primary care settings. *International Journal of Transactional Analysis Research* 2 (2): 34–43.

Robertson, B. (2016): Holacracy: Ein revolutionäres Management-System für eine volatile Welt. München (Vahlen).

Röhl, S. (2004): Fanita English – Über ihr Leben und die Transaktionsanalyse. Salzhausen (Iskopress).

Rosa, H. (2016): Resonanz. Eine Soziologie der Weltbeziehung. Berlin (Suhrkamp).

Rosenberg, M. (2003): Gewaltfreie Kommunikation. Paderborn (Junfermann).

Rossi, E. L. (Hrsg.) (2018): Gesammelte Schriften von Milton H. Erickson. Studienausgabe. Heidelberg (Carl-Auer), 2. Aufl.

Roth, G. u. A. Ryba (2016): Coaching, Beratung und Gehirn. Neurobiologische Grundlagen wirksamer Veränderungskonzepte. Stuttgart (Klett-Cotta).

Rückle, H. (2000): Coaching. Landsberg (Moderne Industrie).

Schein, E. (2003): Organizational culture and leadership. Third Edition. New York (Wiley), 3. ed. [Dt. (2003): Organisationskultur. Bergisch Gladbach (EHP – Edition Humanistische Psychologie).]

Schiff, J. L. et al. (1975): Cathexis reader. Transactional Aanalysis. Treatment of psychosis. London (Harper & Row).

Schmale-Riedel, A. (2016): Der unbewusste Lebensplan – Das Skript in der Transaktionsanalyse. München (Kösel).

Schmid, B. (1986): Systemische Transaktionsanalyse. Wiesloch (Eigenverlag).

Schmid, B. (1989): Programmatische Überlegungen anlässlich der Entgegennahme des 1. EATA-Wissenschaftspreises für Autoren (Blackpool 1988). *Zeitschrift für Transaktionsanalyse* 6 (4): 141–163.

Schmid, B. (1990): Professionelle Kompetenz für Transaktionsanalytiker – Das Toblerone-Modell. *Zeitschrift für Transaktionsanalyse* 7 (1): 32–42.

Schmid, B. (1994): Wo ist der Wind, wenn er nicht weht? Paderborn (Junfermann).

Schmid, B. (2003): Systemische Professionalität und Transaktionsanalyse. Bergisch Gladbach (EHP – Edition Humanistische Psychologie).

Schmid, B. (2004): Systemisches Coaching und Persönlichkeitsberatung. Bergisch Gladbach (EHP – Edition Humanistische Psychologie).

Schmid, B. (2006): Transactional Analysis and social roles. In: G. Mohr a. T. Steinert (Hrsg.): Growth and Change for Organizations. Bonn (Kulturpolitische Gesellschaft), pp. 173–218.

Schmid, B. (2010): Milieu – ein wenig beachteter Faktor im Coaching. *Organisationsberatung-Supervision-Coaching* 17 (1): 25-35.

Schmid, B. (2014): Systemische Organisationsentwicklung: Change und Organisationskultur gemeinsam gestalten. Stuttgart (Schäffer-Poeschel).

Schmid, B. u. J. Hipp (2001): Antreiber-Dynamiken – Persönliche Inszenierungsstile und Coaching. *Zeitschrift für systemische Therapie* 2: 82–92.

Schmid, B. u. K. Jäger (1986): Zwickmühlen. Oder Wege aus dem Dilemma-Zirkel. *Zeitschrift für Transaktionsanalyse* 3 (1): 5–16.

Schmid, B., T. Veit u. I. Weidner (2010): Einführung in die kollegiale Beratung. Heidelberg (Carl-Auer), 3. Aufl. 2019.

Schmid, W. (2007): Mit sich selbst befreundet sein. Von der Lebenskunst im Umgang mit sich selbst. Frankfurt a. M. (Suhrkamp).

Schmidt, G. (2005): Einführung in die hypnosystemische Therapie und Beratung. Heidelberg (Carl-Auer), 8. Aufl. 2018.

Schneider, J. (2006): Das dynamische Handlungspentagon. *Zeitschrift für Transaktionsanalyse* 1: 15–35.

Schreyögg, A. (2012): Coaching – Eine Einführung für Praxis und Ausbildung. Frankfurt a. M. (Campus).

Schulz von Thun, F. (1991): Miteinander reden 1. Störungen und Klärungen. Reinbek bei Hamburg (Rowohlt).

Schulz von Thun, F. (1996): Praxisberatung in Gruppen. Weinheim (Beltz).

Schulz von Thun, F. (1998): Miteinander reden 3. Das innere Team. Reinbek bei Hamburg (Rowohlt).

Scilligo, P. (2004): Defining ego states in relational and developmental terms. *EATA-Newsletter* 79 (Febr.): 7–13.

Senge, P. (1994): Das Fieldbook der fünften Disziplin. Stuttgart (Klett-Cotta).

Sejkora, K. u. H. Schulze (2017): Vom Lebensskript zum Beziehungsraum. Munderfing (Fischer & Gann).

Sills, C. (2006): Contracts in counselling and psychotherapy. London (Sage).

Sills, C. a. H. Hargarden (2003): Ego states, key concepts in Transactional Analysis. London (Worth Publishing).

Simon, F. B. (2006): Einführung in Systemtheorie und Konstruktivismus. Heidelberg (Carl-Auer), 8. Aufl. 2017.

Sprietsma, L. C. (1982): Adult ego state analysis with apologies to Mr. Spock. *Transactional Analysis Journal* 12: 227–231.

Steiner, C. (1984): Wie man Lebenspläne verändert. Paderborn (Junfermann). [Am. Orig. (1974): Script people live. Transactional Analysis of life scripts. New York Grove).]

Steiner, C. (1997): Transactional analysis in the information age. *Transactional Analysis Journal* 27 (1): 15–23.

Steiner, C. (1998): Macht ohne Ausbeutung. Paderborn (Junfermann), 4. Aufl.

Steiner, C. (2003): The development of Transactional Analysis and practice. A brief history. *EATA-Newsletter* 76 (Febr.): 11-15.

Steinert, T. (2006): Structural organizational transactional consulting and advanced role management. In: G. Mohr a. T. Steinert (eds.): Growth and Change in organizations. Transactional analysis – New developments 1995–2006. Bonn (Kulturpolitische Gesellschaft), pp. 102–139.

Stewart, I. (2002): The myth of the »functional model«. *EATA-Newsletter* 75 (Oct.): 8–10.

Stewart, I. u. V. Joines (1990): Die Transaktionsanalyse. Freiburg im Br. (Herder).

Storch, M., B. Cantieni, G. Hüther u. W. Tschacher (2010): Embodiment. Die Wechselwirkung von Körper und Psyche verstehen und nutzen. Bern (Hans Huber).

Storch, M. a. W. Tschacher (2014): Embodied communication. Bern (Hans Huber).

Taglieber, B. u. S. Raebricht (2018): Burnout vorbeugen: Wie uns geheime Energieräuber zur Erschöpfung treiben. North Charleston, SC (Create Space Independent Publishing Platform).

Taleb, N. N. (2012): Antifragile: Things that gain from disorder. New York (Random House). [Dt. (2013): Antifragilität: Anleitung für eine Welt, die wir nicht verstehen. München (Albrecht Knaus).]

Tapper, K. (2018): Mindfulness and craving: Effects and mechanisms. *Clinical psychology review* 59 (2): 101–117.

Temple, S. (2002a): Functional fluency. *Zeitschrift für Transaktionsanalyse* 4: 251–269.

Temple, S. (2002b): The development of a Transactional Analysis psychometric tool for enhancing functional fluency. University of Plymouth, Faculty of Arts and Education (unpubl. Doctoral Thesis).

Temple, S. (2004): Update on the functional fluency model in education. *Transactional Analysis Journal* 34 (3): 76–88. [Dt. (2007): Das Functional-Fluency-Modell in der Pädagogik. *Zeitschrift für Transaktionsanalyse* 1: 76–88.]

Tietze, K.-O. (2013): Kollegiale Beratung. Reinbek bei Hamburg (Rowohlt).

Trautmann, R. a. R. Erskine (1981): Ego state analysis: A comparative view. *Transactional Analysis Journal* 11 (2): 178-185.

Trenkle, B. (2012): Dazu fällt mir eine Geschichte ein. Direkt-indirekte Botschaften für Therapie, Beratung und über den Gartenzaun. Heidelberg (Carl-Auer), 3. Aufl. 2017.

Tudor, K. (2003): The neopsyche: The integrating adult ego state. In: C. Sills a. H. Hargarden (eds.): Ego states. London (Worth Publishing). [Dt. (2005): Die Neopsyche: Der integrierende Erwachsenen-Ich-Zustand. *Zeitschrift für Transaktionsanalyse* 3: 168–186.]

Tudor, K. (2008): »Take it«: A sixth driver. *Transactional Analysis Journal* 38 (1): 43–57.

Tudor, K. a. G. Summers (2014): Co-creative Transactional Analysis. London (Karnac).

Varga von Kibéd, M. (2007): Theoretische Grundlagen systemischen Denkens. [CD] Münsterschwarzach (Auditorium).

Vergonnejeanne, F. (2010): Coacher groups et organizations. Paris (InterÉditions-Dunod).

Vogelauer, W. (1991): Unternehmenskultur aus transaktionsanalytischer Sicht – Organisationspersönlichkeit und Organisations-Skript. *Zeitschrift für Transaktionsanalyse* 4: 193–206.

Wagner, A. (1972): Besser führen mit Transaktionsanalyse. Frankfurt a. M. (Gabler).

Wagner, A. (1981): The transactional manager. Englewood Cliffs, NJ (Prentice Hall).

Wagner, A. C. (2008): Gelassenheit und Handlungsfähigkeit durch Introvision als Methode der mentalen Selbstregulation – Eine Einführung. Gruppendynamik und Organisationsberatung 39 (2): 135–149. Verfügbar unter: http://www.springerlink.com/content/e685m26h754j6730/fulltext.pdf [1.10.2019].

Watkins, J. G. a. H. H. Watkins (1997): Ego states: Theory and therapy. New York (W. W. Norton).

Weber, G. (1994): Zweierlei Glück. Das klassische Familienstellen Bert Hellingers. Heidelberg (Carl-Auer), 18. Aufl. 2017.

Weber, G. u. B. Schmid (1988): Fallbeispiel: Transkript einer Sitzung und Therapieverlauf. In: F. B. Simon (Hrsg.): Lebende Systeme. Wirklichkeitskonstruktionen in der systemischen Therapie. Berlin u. a. (Springer), S. 66–80.

Weick, K. E. a. K. M. Sutcliff (2006): Mindfulness and the quality of organizational attention. *Organizational Science* 10: 514–524.

Weigel, S. (2012): Konfliktmanagement in der öffentlichen Verwaltung des aktivierenden Staates mit Transaktionsanalyse und transaktionsanalytisch fundierter Mediation. Berlin (Duncker & Humblot).

Weigel, S. (2014): Theorie und Praxis der Transaktionsanalyse in der Mediation. Baden-Baden (Nomos).

Weiner, B. (1974): Achievement motivation and attribution theory. Morristown, NJ (General Learning).

Widdowson, M. (2013): The process and outcome of transactional analysis psychotherapy – For the treatment of depression: An adjudicated case series. Leicester (University of Leicester).

Wilber, K. (1991): Wege zum Selbst. München (Goldmann).

Wisner, B. a. H. R. Luce (1993): Disaster vulnerability: Scale, power, and daily life. *GeoJournal* 30 (2): 127–140.

Woolams, S. a. M. Brown (1978): Transactional Analysis. Dexter, MI (Huron Vallley Institute Press).

Young, J., J. Klosko a. M. Weishaar (2003): Schema therapy: A practitioner's guide. New York (Guilford).

Youssef, C. M. a. F. Luthans (2007): Positive organizational behavior in the workplace: The impact of hope, optimism, and resilience. *Journal of Management* 33 (5): 774–800.

Zimbardo, P. (1982): Pathology of imprisonment. In: D. Krebs (ed.): Readings in social psychology: Contemporary perspectives. New York (Harper & Row), 2. ed., pp. 249–251.

Zimbardo, P. (2005): Das Stanford-Gefängnis-Experiment. Eine Simulationsstudie über die Sozialpsychologie der Haft. Goch (Santiago), 3. Aufl.

Zölls, D. (2018): Disziplin als Anfang. Der Zen-Weg zur Liebe. München (Kösel).

Über den Autor

Günther Mohr, Diplom-Volkswirt, Diplom-Psychologe; Coach und systemischer Berater; Gründer und Leiter des Instituts für Coaching, Training und Consulting in Hofheim am Taunus; Senior Coach im Deutschen Bundesverband Coaching (DBVC); Delegierter im Council der Europäischen Transaktionsanalyse-Gesellschaft (EATA).

Arbeitsgebiete: Ausbildung von Coachs, Coaching; Organisationsentwicklung; Autor mehrerer Sachbücher.